Paul Johnson

Erste Texte mit Mini-Büchern

Gestaltungsideen für die Schuleingangsphase

Verlag an der Ruhr

Impressum

Titel: **Erste Texte mit Mini-Büchern**
Gestaltungsideen für die Schuleingangsphase

Titel der Originalausgabe: **Get writing!**
Over 100 creative book-making and pop-up projects for children © A&C Black Publishers Ltd., London 2005.

Autor: Paul Johnson

Illustrationen: © Hl Studios 2005

Übersetzung: Rita Kloosterziel

Bastel- und Schreibarbeiten: Hatice Abayli, Ayla Akgün, Ann-Kathrin Biesenbach, Nick-Fabian Chalupa, Robert Franz, Carola Gers, Serval Günebakan, Viktoria Hanses, Nursen Kalkan, Jasmin Keller, Domenik Keller, Ann-Sophie Kottsieper, Johanna Köster, Niclas Lewin, Tara Fiona Rathmann, Jonas Reinold, Kai Winderlich und Gentiana Kukaj von der OGGS „Am Stadtpark“, Remscheid; außerdem haben mitgeholfen: Jenia Bayat Mokhtari, Maja Luther, Moritz Schmalbein, Philipp Schmalbein

Druck: B.o.s.s Druck und Medien GmbH, Goch

Verlag: **Verlag an der Ruhr**
Alexanderstraße 54 – 45472 Mülheim an der Ruhr
Postfach 10 22 51 – 45422 Mülheim an der Ruhr
Tel. 02 08/439 54 50 – Fax 02 08/439 54 239
E-Mail: info@verlagruhr.de
www.verlagruhr.de

© Verlag an der Ruhr 2005
ISBN 978-3-8346-0005-9

geeignet für die Klasse **1 2** 3 4 5

Gedruckt auf chlorfrei gebleichtes Papier.

Die Schreibweise der Texte folgt der neuesten Fassung der Rechtschreibregeln – gültig ab August 2006.

Inhaltsverzeichnis

Vorwort

In ein selbst gebasteltes Buch zu schreiben und zu malen ist etwas ganz Besonderes. Manche Kinder tun sich mit dem Schreiben schwer, doch in einem Buch, das man selbst gebastelt hat und das dazu noch Pop-up-Elemente oder Klappen zum Hochheben aufweist, sind Schreibübungen plötzlich gar nicht mehr so lästig. Außerdem gibt die Buchform ein konkretes Format für eine Aufteilung nach Themen oder Kategorien, für die Anordnung von Informationen und das Einfügen von Illustrationen vor.
Die Kinder sind sehr stolz auf ihre Bücher, die sie im Unterricht basteln, und brennen darauf, sie mit nach Hause zu nehmen und ihren Familien und Freunden zu zeigen. Dieser persönliche und soziale Aspekt des Lernprozesses fehlt meistens in der Grundschulbildung – häufig findet eine Trennung von Wissenserwerb und kreativer Aktivität statt. Die Projekte in diesem Buch beziehen die Kinder mit ein und wecken in ihnen den Wunsch zu schreiben.

Die Buchprojekte

Dieses Buch setzt sich aus unterschiedlichen Projekten zusammen. Bei jedem Projekt wird zunächst die Grundform des Buches und dann einige Abwandlungsmöglichkeiten vorgestellt. Die Projekte sind nicht nach Schwierigkeitsgrad gestaffelt, weder im Hinblick auf die Fingerfertigkeit noch auf die Schreibfähigkeit. Daher lassen sich alle Projekte auf jeder Entwicklungsstufe einsetzen. Sie können also entscheiden, welche Buchideen thematisch in Ihre kurz- und mittelfristige Planung passen und entwickeln Ihre Unterrichtsgestaltung auf dieser Grundlage.

Die Bücher falten – wer macht was?

Manche Fünfjährigen legen größere kreative Fähigkeiten an den Tag als einige Kinder, die doppelt so alt sind. Kinder im Grundschulalter sind daher oft in der Lage, sich die Falttechniken schnell anzueignen und falten schon nach kurzer Zeit mit großer Genauigkeit. Die Grundform des Leporello-Buches und einfache Schnitte mit der Schere sind für die meisten jüngeren Kinder leicht zu erlernen, wenn sie Schritt für Schritt klare Anleitungen erhalten. Häufige Wiederholungen ermöglichen es ihnen, sich die nötigen Handgriffe einzuprägen und sie weiterzuentwickeln. Allerdings gibt es Situationen, in denen nicht genügend Zeit ist, um die Bücher von den Kindern falten zu lassen. Dann ist es sinnvoll, dass Sie die Anfertigung der Bücher übernehmen. Unter der Überschrift „Schneller geht's so" können Zeit sparende Schneid- und Faltmethoden vorgestellt werden. Diese erlauben es Ihnen, viele Exemplare der Bücher gleichzeitig anzufertigen und so für die Unterrichtsvorbereitung mehr Zeit zur Verfügung zu haben. Bitte bedenken Sie, dass diese Hinweise für Sie bestimmt sind, nicht für die Kinder. Eine Kompromisslösung könnte so aussehen, dass Sie die Anfangsschritte beim Falten erledigen und die Kinder den Falt- und/oder Schneideprozess zu Ende führen.

Den Kindern das Falten zeigen

Führen Sie die einzelnen Schritte beim Falten langsam vor und wiederholen Sie bei jedem Schritt, was zu tun ist. Zunächst falten Sie und lassen die ganze Klasse dabei zusehen, dann wiederholen Sie die Schritte und die Kinder falten gleichzeitig mit. Manche Kinder werden schnell begreifen, andere brauchen mehr Zeit. Schlagen Sie ihnen vor, zu zweit zu basteln, so dass sie sich gegenseitig helfen können, wenn es schwierig wird. Denken Sie daran, immer zusätzliches Papier dabei zu haben, falls ein Faltversuch völlig misslingt und passen Sie die Anleitungen auch für linkshändige Kinder an.

Entwürfe und fertige Modelle

Die Kinder können den provisorischen Entwurf eines Buches oder einer Pop-up-Konstruktion aus einfachem DIN-A4-Papier basteln, bevor sie sich an das endgültige Exemplar begeben. Sie verwenden den Entwurf für vorbereitende Arbeiten oder nehmen ihn mit nach Hause, um ihn ihren Freunden und ihrer Familie zu zeigen.

Material und Werkzeuge

Papier
Kopierpapier ist gut geeignet für Entwürfe, doch für die endgültigen Arbeiten empfehlen sich qualitativ hochwertige Papiere.

Papierformat
Es ist schwierig, Vorschriften zum Format des Papiers zu machen, mit dem Sie arbeiten wollen, obwohl es bei manchen Projekten angegeben ist. Bei kleineren Kindern können Bücher aus DIN-A4-Papier zu klein sein – dicke Stifte und die Neigung zu schwungvoller Strichführung machen ein größeres Format erforderlich. Manche Kinder arbeiten jedoch gern mit kleineren Formaten.
In einigen Fällen ergibt sich die Papiergröße aus dem Projekt selbst.

Werkzeuge
Für die meisten Buchprojekte brauchen Sie nicht mehr als eine Schere, bei einigen auch ein Lineal und Klebstoff. Klebestifte sind gut für Entwürfe aus dünnem Papier geeignet, doch für Arbeiten aus festerem Papier und für Pop-ups ist die Verwendung von PVA-Kleber (Bastelleim) sinnvoller. Für das Buchprojekt Nr. 18 brauchen Sie einen großen Tacker und für das Buchprojekt 20 ist eine Buchklemme ideal.
Wenn Sie die Anfertigung der Bücher für die Kinder übernehmen, sollten Sie statt mit einer Schere mit einem Teppichmesser und einem Metalllineal arbeiten. Auch das Zuschneiden von vielen Exemplaren auf einmal lässt sich auf diese Weise beschleunigen. Denken Sie daran, die Kinder auf Sicherheitshinweise im Umgang mit Scheren aufmerksam zu machen:

- Wenn die Schere nicht gebraucht wird, sollten die Schneiden geschlossen sein.
- Mit der Schere geschnittenes Papier wird so gehalten, dass sich die Hand unterhalb der Schneiderichtung befindet.
- Die Schere sollte nicht von Papieren auf dem Arbeitstisch verdeckt werden.

Illustrationen
Für die jüngeren Kinder sollten Sie Bleistifte und Wachsmalstifte zur Verfügung stellen. Ältere Kinder können mit Farb- und Filzstiften arbeiten.
An Stelle von selbst gemalten Illustrationen eignen sich auch Fotos, Collagen oder Computerausdrucke.

Schreiben

Im Allgemeinen nehmen die Schreibaufgaben an Komplexität zu, je älter die Kinder sind. Beim ersten Buchprojekt entwerfen jüngere Kinder z.B. Zeichen, die Türen und Fenster repräsentieren, und beschriften diese mit „Tür“, „Fenster“ usw. Der nächste Schritt sind einfache Bildunterschriften: Aus „Mein Haus“ wird „Dies ist mein Haus.“ Dann folgen komplexere Sätze wie „In meiner Küche gibt es einen Herd und einen Kühlschrank.“ Eines der einzigartigen Kennzeichen der Grundformen dieser Bücher ist die Möglichkeit, die Buchseiten so zu falten, dass nur eine Seite sichtbar ist. Auf diese Weise wird die Abfolge der Texte gesteuert, so dass die Kinder auf einer klar definierten Fläche arbeiten und eine Seite nach der anderen beschreiben. Während Spontaneität für Schreibanfänger im Vorschulalter wichtig ist, ist es für Sechsjährige angemessen, ihre Arbeiten selbst zu planen und Entwürfe anzufertigen. Bei der nachfolgend beschriebenen Methode für die Anfertigung von Entwürfen wird der Schreibunterricht mit der Herstellung von Büchern verknüpft.

Bücher mit versteckten Entwürfen

1. Falten Sie die Grundform des Leporello-Buches (S. 10) und nummerieren Sie die Seiten von 1 bis 4.

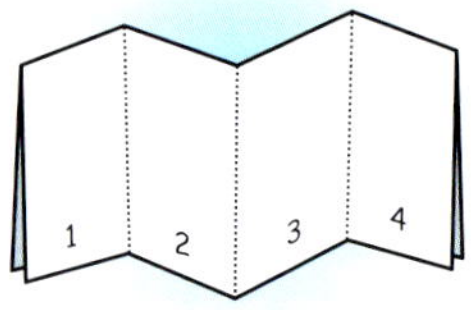

2. Falten Sie die Rückseite des Buches nach oben. Dann knicken Sie die Oberkante nach unten um auf den Mittelfalz.

3. Falten Sie die oberen Seiten nach vorn und nummerieren Sie sie entsprechend der Seitenzahlen der darunterliegenden Seiten. Die Kinder können diese Seiten für ihre Entwürfe benutzen.

4. Wenn der Entwurf fertig ist, falten Sie das Blatt wieder zum Leporello-Buch. Die Kinder können die freien Seiten für ihre endgültige Version benutzen.

Der Vorteil der versteckten Entwürfe liegt darin, dass die Entwürfe nicht verloren gehen können, dass sie unmittelbar an die endgültige Version angrenzen, dabei aber nicht zu sehen sind und sowohl von Ihnen als auch von den Kindern zu Bewertungszwecken bei Bedarf sofort herangezogen werden können.

Falls nötig, geben Sie jeder Seite des Entwurfs ein „Rahmen-Thema“, z.B. „Dies ist mein ...“ Falten Sie das Blatt auseinander und fotokopieren Sie diese Seite für jedes Kind. Falten Sie jedes Exemplar zu einem Buch mit versteckten Entwürfen. Die Kinder können den Satzanfang ergänzen und den Satz auf der Seite darunter abschreiben. Nachdem das Blatt wieder zum Leporello-Buch gefaltet wurde, können sie die oberen Seitenhälften für Illustrationen nutzen.

Gestaltung

Texte, Bilder und Diagramme sehen viel besser aus, wenn sie von einem Rahmen umgeben sind. Fertigen Sie aus Kartonresten Schablonen an, die ringsum 2 cm kleiner sind als die Buchseiten. Die Kinder legen die Schablonen auf die Buchseiten und zeichnen mit dem Bleistift die Kanten nach.

Das eigene Ideenbuch

Falten Sie sich nach den Anleitungen auf den Seiten 10/11 ein Buch und notieren Sie sich darin eigene Ideen für das Rahmen-Thema, die Überschriften und Bildunterschriften.
Denken Sie daran, dass Texte und Bilder in den oberen Feldern auf dem Kopf stehen müssen und vergessen Sie nicht, an den Außenkanten einen großzügigen Rand zu lassen.

Ausstellung der Werke

Bücher sind zum Anschauen und Lesen da. Manche der Projekte in diesem Buch sind so aufgebaut, dass sich Text und Bilder ausschließlich auf den vorderen vier Seiten befinden und auf diese Weise alles sichtbar ist, wenn Sie das Buch auf einem Untergrund befestigen. Ideal also, um die Geschichten der Kinder auszustellen. Experimentieren Sie mit einer vertikalen, horizontalen und diagonalen Anordnung der Bücher, die die Kinder anfertigen.
Integrieren Sie, wenn möglich, „echte" Bücher unterschiedlichster Art in die Ausstellung, so dass die Kinder sich als Teil einer Tradition und einer Kultur begreifen:
Eine Form der Kommunikation, die Hunderte, wenn nicht gar Tausende von Jahren zurückreicht.

Die Grundformen der Bücher

Das Leporello-Buch

Das 8-seitige Leporello-Buch ist das einfachste aller Bücher, weil man dafür nicht mehr als ein Blatt Papier braucht. Diese Form bildet die Grundlage für viele der Projekte in diesem Buch. Die einfachste 4-seitige Variante lässt sich für unzählige Zwecke einsetzen: für die Darstellung von vier Familienmitgliedern, die Wiedergabe einer traditionellen Geschichte in vier Szenen, für Gedichte über die vier Jahreszeiten, die Beschreibung von vier Lieblingsspielzeugen oder den Bericht über vier besonders schöne Erlebnisse bei einem Besuch auf einem Bauernhof.
Natürlich kann die Rückseite des Buches mitbenutzt werden. Denken Sie aber daran, dass Sie Seiten für die Buchdeckel vorbehalten. Türen und Klappen, die sich auf den Buchseiten öffnen lassen, bieten zusätzliche Flächen für Texte oder Diagramme mit Überschriften, ohne dass die Grundform des Buches wesentlich verändert wird. Man braucht nur eine Schere – mehr nicht!

1. Falten Sie ein DIN-A4-Blatt der Breite nach auf die Hälfte. Dabei legen Sie die rechte Kante auf die linke (bei Linkshändern umgekehrt).

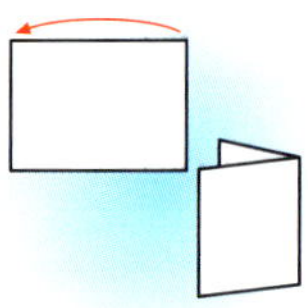

2. Richten Sie das gefaltete Blatt im Querformat aus und falten Sie es wiederum der Breite nach auf die Hälfte, mit der rechten Kante auf die linke (bei Linkshändern umgekehrt). Entfalten Sie es einmal.

3. Das Papier ist weiterhin im Querformat ausgerichtet. Falten Sie nun die Oberkante auf die Unterkante. Dann klappen Sie das Blatt ganz auf.

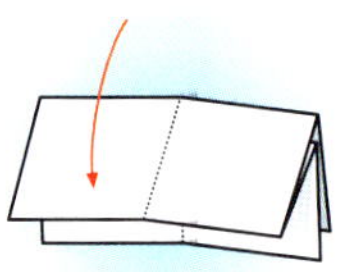

4. Falten Sie das querformatige Blatt der Länge nach auf die Hälfte. Die Felder werden zu einer Zickzacklinie gefaltet.

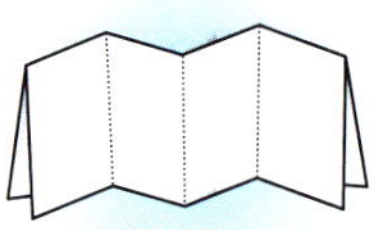

Das Origami-Buch

Das Origami-Buch ist eine Variante des einfachen Leporellos. Durch einen einzigen Schnitt und eine andere Falttechnik können Sie die Grundform des Leporellos zu einem Buch mit drei Doppelseiten abwandeln.

1. Falten Sie das Leporello-Buch auseinander und knicken Sie es der Breite nach auf die Hälfte. Von der Faltkante aus schneiden Sie den horizontalen Mittelfalz bis zum vertikal verlaufenden Falz ein.

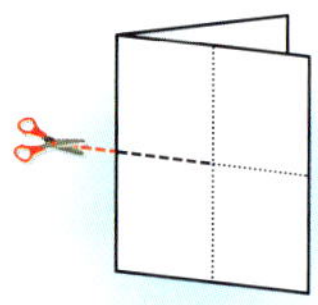

2. Entfalten Sie das Blatt. Falten Sie es der Länge nach auf die Hälfte. Schieben Sie die rechte und die linke Seite gegeneinander, so dass sich in der Mitte ein Rhombus öffnet. Schieben Sie die Seitenränder weiter zur Mitte, bis die Oberkanten der Seiten ein Kreuz bilden.

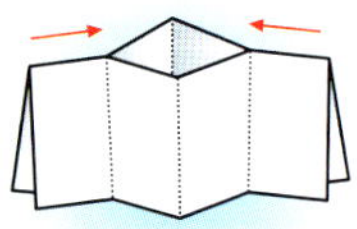

3. Nehmen Sie zwei angrenzende Seiten und falten Sie sie so um die anderen Seiten, dass diese innen liegen.

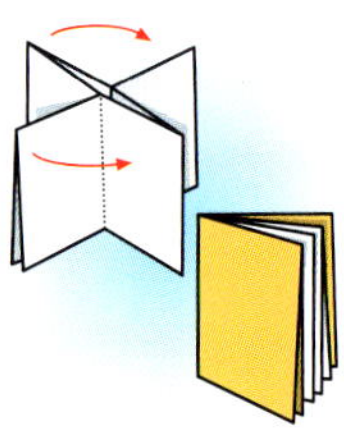

Das 4-seitige Buch

Als Alternative zum 8-seitigen Leporello-Buch oder zum Origami-Buch können Sie auch ein Buch falten, das zwar weniger, dafür aber größere Seiten hat. Welche dieser Grundformen der Bücher Sie wählen, hängt vom jeweiligen Projekt ab.

1. Richten Sie ein DIN-A4-Blatt im Hochformat aus. Falten Sie die Oberkante auf die Unterkante. Falten Sie das Blatt auseinander.

2. Falten Sie den rechten Seitenrand auf den linken Seitenrand (bei Linkshändern umgekehrt) und entfalten Sie das Blatt.

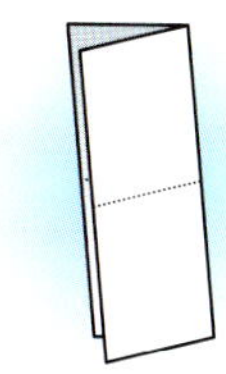

3. Schneiden Sie vom linken Seitenrand aus den horizontalen Mittelfalz bis zur Blattmitte ein.

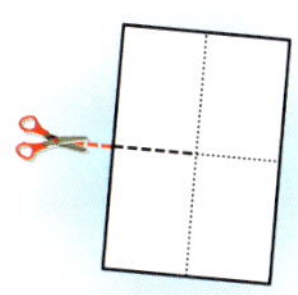

4. Falten Sie das Blatt am horizontalen Mittelfalz auf die Hälfte. Zuletzt falten Sie das linke Segment nach vorn und das rechte Segment nach hinten.

Anfertigen einer Vorlage

Zeichnen Sie Linien zum Schreiben und Kästen für Bilder oder Diagramme. Vorlagen für das 8-seitige Leporello-Buch, das Origami-Buch und das 4-seitige Buch finden Sie auf Seite 60–62. Kopieren Sie die Vorlagen auf DIN-A4-Papier oder vergrößern Sie diese auf DIN-A3-Format, wenn Sie damit lieber arbeiten. Für Schüler mit fortgeschrittenen Schreibfähigkeiten bereiten Sie ein Buch für den Entwurf vor (mit freien Flächen für Ihre Kommentare und Verbesserungen durch den Schüler) und ein weiteres für die endgültige Version.

Buchdeckel

Mit der folgenden Methode lassen sich Wörter auf einem Buchdeckel zentrieren und die Buchstaben in gleichmäßigen Abständen platzieren. Unterteilen Sie den Buchdeckel durch eine vertikale Linie in zwei Hälften. Schreiben Sie den mittleren Buchstaben des Buchautors oder Titels auf die Mittellinie oder stellen Sie sich den Abstand zwischen den beiden mittleren Buchstaben vor. Rechts davon schreiben Sie den Rest des Wortes und links davon den Wortanfang.

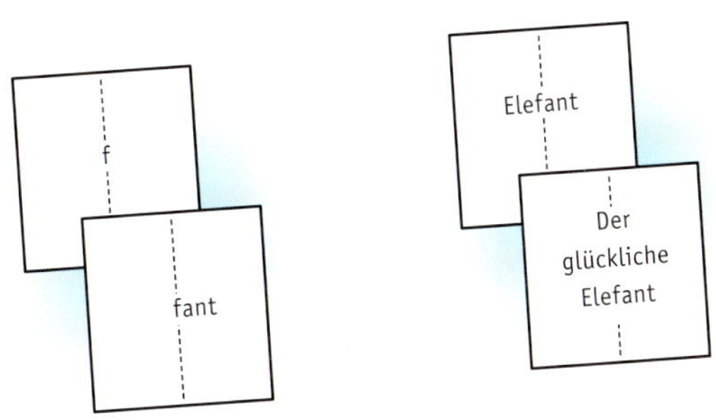

1 Geformte Bücher: Gebäude

In der Welt der Kinder sind Gebäude sehr wichtig. Schließlich gehen sie täglich in unterschiedlichen Gebäuden ein und aus: in dem Haus, in dem sie wohnen, in den Häusern ihrer Freunde und in der Schule. Bei diesen geformten Büchern kann jede Seite ein anderes Gebäude oder einen anderen Gebäudeteil darstellen, z.B. eine Häuserzeile mit Geschäften oder die Zimmer in einem Haus.

Die Grundform

1. Falten Sie ein DIN-A3-Blatt der Länge nach auf die Hälfte. Falten Sie das Buch so, dass eine Zickzacklinie entsteht.

2. Schneiden Sie von jeder Seite die oberen Ecken ab. (Achtung: Die Oberkante der Seiten muss intakt bleiben, sonst zerfällt das Buch in zwei Teile!)

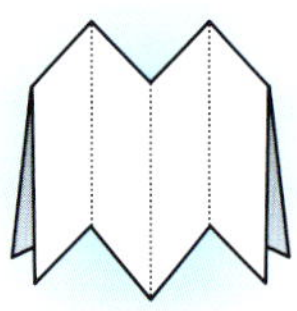

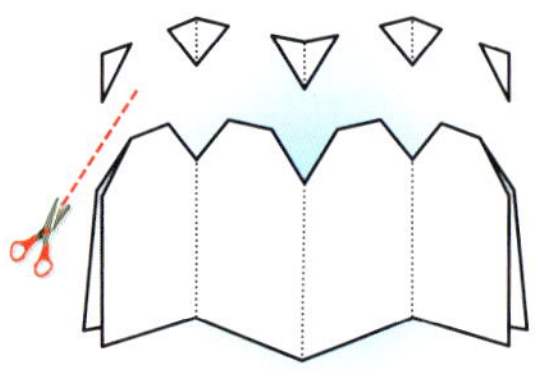

Schneller geht's so

Falten Sie das Buch so, dass eine Zickzacklinie entsteht und schneiden Sie dann gleichzeitig alle linken und dann alle rechten Ecken ab.

Themenvorschlag

Auf die erste Seite zeichnen die Kinder ein Gebäude und schreiben eine Bildunterschrift, z.B. „Das ist mein Haus." Auf die restlichen Seiten zeichnen sie andere Gebäude mit Bildunterschriften. Auf den Buchdeckel wird der Titel des Buches geschrieben.

Gebäude mit Türen

Basteln Sie ein Leporello-Buch. Entfalten Sie das Blatt und schneiden Sie Türen in die unteren Felder. Nur zwei Seiten der Türen werden eingeschnitten – die Türen nicht ganz ausschneiden!

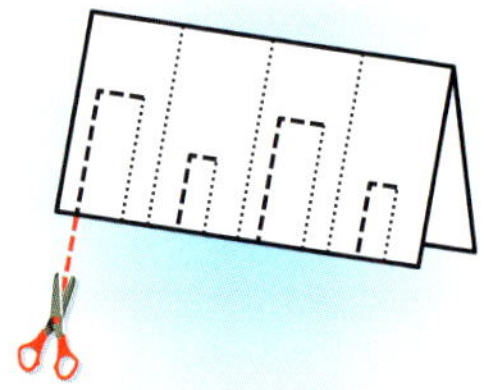

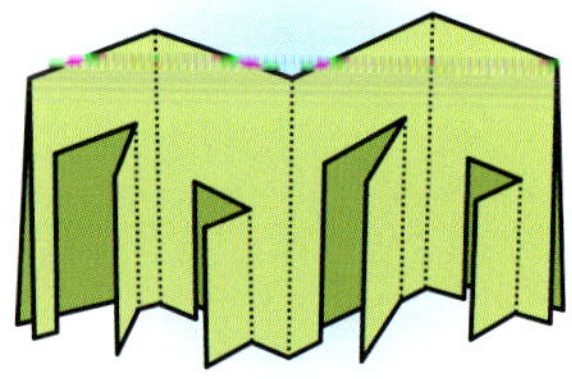

Wenn Sie unsicher sind, probieren Sie es erst mit einem Stück Schmierpapier aus.

Themenvorschläge

In jedes Feld zeichnen die Schüler ein anderes Tier in seiner Behausung, z.B. eine Maus in ihrem Mauseloch oder einen Hund in seiner Hundehütte. Die Türen sollen unterschiedlich groß gemalt werden.

„Wer ist hinter der Tür?" Wenn man die Tür aufmacht, sieht man den Namen der Person oder des Tieres auf der Innenseite der Tür. In die Türöffnung zeichnen die Kinder ein entsprechendes Bild.

Lassen Sie die Schüler in jede Türöffnung ein anderes Geschäft malen, z.B. einen Süßigkeitenladen, ein Spielzeuggeschäft oder ein Postamt. In die geöffnete Tür sollen die Kinder schreiben, was man in dem jeweiligen Geschäft kaufen kann.

Gebäude mit gleichen Türen

1. Falten Sie ein Leporello-Buch. Legen Sie eine Schablone für eine rechtwinklige Tür auf die Felder und zeichnen Sie den Umriss ab.

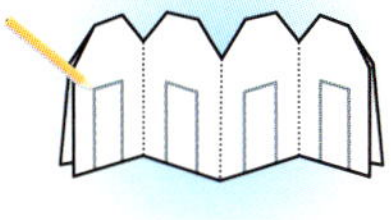

2. Klappen Sie das Blatt auf und schneiden Sie die Türumrisse an zwei Seiten ein.

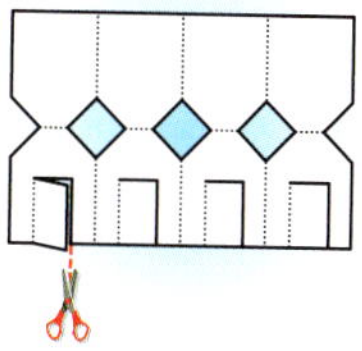

3. Falten Sie das Blatt wieder zum Leporello-Buch.

Schneller geht's so

1. Nachdem Sie die Ecken abgeschnitten haben, entfalten Sie das Blatt und falten es dann der Breite nach auf die Hälfte.

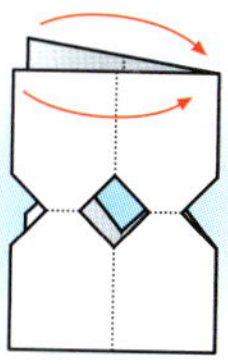

2. Falten Sie die Seitenränder auf den vertikalen Mittelfalz. Schneiden Sie alle Türen (rechtwinklig) auf einmal in den unteren Feldern ein. Machen Sie die Türblätter beweglich, indem Sie sie vor- und zurückbewegen.

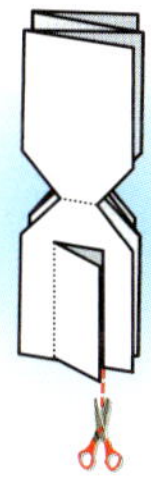

3. Falten Sie das ganze Blatt auf und machen Sie wieder ein Leporello-Buch daraus.

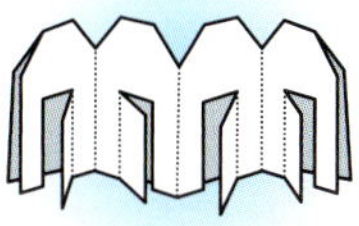

Themenvorschläge

Erzählen Sie die Geschichte von den drei kleinen Schweinchen in vier Teilen nach: das Haus der Mutter, das Haus aus Stroh, aus Holz und das Haus aus Ziegelsteinen. Die Schüler malen ein Haus auf das Titelblatt und schreiben die vier Episoden auf die Innenseiten.

Ein Haus-Buch: Die Kinder malen in jede Türöffnung ein anderes Zimmer, z.B. eine Küche. Auf der Innenseite der Tür listen sie auf, was sich dort befindet.

Eine Schreibvorgabe: „Ich wäre gern ein ...“ Die Schüler schreiben einen Satz auf jede Tür und malen in die Türöffnung ein Selbstporträt mit dem entsprechenden Hintergrund, z.B. einen Astronauten in einer Mondrakete.

Gebäude und Gegenstände

Falten Sie ein Leporello-Buch und schneiden Sie Dachformen aus, wie abgebildet. Vergessen Sie nicht, dass die Oberkanten der einzelnen Seiten nicht eingeschnitten werden. Schneiden Sie dann die Türen ein.

Themenvorschlag

Dies ist ein Abenteuer im Weltall. Die Kinder zeichnen ein Haus auf die erste Seite, eine Mondrakete auf die zweite, eine Raumstation auf die dritte und ein Haus auf die vierte Seite. In die Türen schreiben Sie die Geschichte von einem Abenteuer im Weltall.
Zum Beispiel:
1. Das ist Marie ...
2. Marie startete ihre Rakete und ...
3. Sie ging zu einer Mondparty und ...
4. Als sie wieder nach Hause kam ...

2 Geformte Bücher: Leute

Projekte über Leute, z.B. ein Bericht über jemanden, den man bewundert, oder über unterschiedliche Essgewohnheiten machen viel Spaß, wenn die Bücher selbst wie Menschen aussehen. Klappen zum Hochheben bieten zusätzlichen Raum für Texte oder Zeichnungen.

Die Grundform

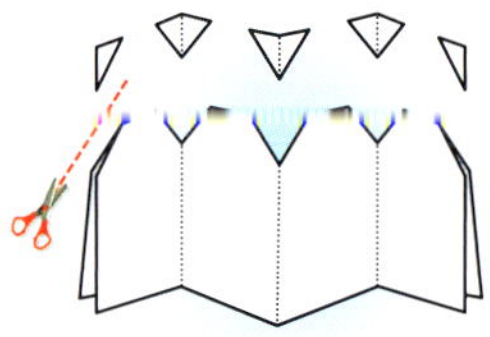

1. Falten Sie die Grundform des Leporello-Buchs (siehe Seite 10).

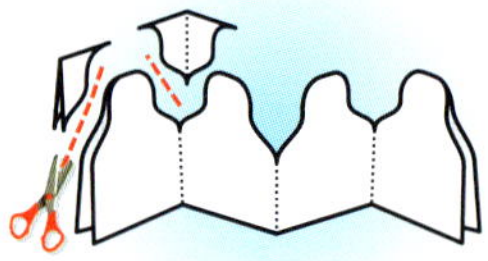

2. Schneiden Sie bei allen Feldern Kopf- und Schulterumrisse aus. (Achtung: Die Oberkante der Seiten muss intakt bleiben, sonst zerfällt das Buch in zwei Teile!)

Schneller geht's so

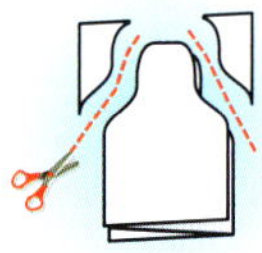

Falten Sie ein Leporello-Buch. Vom zusammengefalteten Buch schneiden Sie Kopf- und Schulterumrisse gleichzeitig aus allen Feldern aus.

Themenvorschlag

Die Kinder malen ein Familienmitglied in das erste Feld des Buches. Lassen Sie sie unter dem Bild ein paar kurze Bemerkungen zu der Person schreiben, z.B.: „Das ist meine Mama. Sie geht gerne spazieren und sie isst gerne Schokolade." Die Kinder setzen die Familienporträts bis Seite 4 fort. Wenn sie wollen, können sie auch die Rückseiten benutzen.

Das Buch von den Berufen

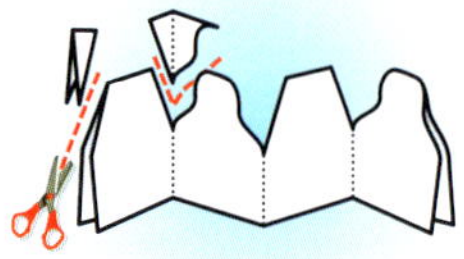

1. Falten Sie ein Leporello-Buch. Schneiden Sie vom ersten Feld die Ecken ab.

2. Als Nächstes schneiden Sie im zweiten Feld Kopf- und Schulterumrisse aus.

3. Wiederholen Sie die Schritte 1 und 2 beim dritten und vierten Feld.

Themenvorschläge

Sprechen Sie mit der Klasse über Leute, die uns im täglichen Leben helfen (z.B. Postbeamte). Lassen Sie die Kinder in das erste Feld ein Postamt malen und mit einer Bildunterschrift versehen. In das zweite Feld sollen sie eine Postangestellte zeichnen. Lassen Sie die Schüler für die restlichen Felder einen anderen Beruf auswählen. Wie bei den ersten beiden Feldern wird der Arbeitsplatz zuerst gemalt und dann eine Person, die dort arbeitet.

Sprechen Sie über Pflichten, die ein Mensch jeden Tag zu erledigen hat. Falten Sie ein Leporello-Buch und schneiden Sie Kopf- und Schulterumrisse aus dem ersten Feld aus. Von den restlichen Feldern schneiden Sie die oberen Ecken ab. Die Kinder könnten das Buch folgendermaßen planen: ein Gärtner im ersten Feld, ein Garten im zweiten, ein Geräteschuppen im dritten und ein Gewächshaus im vierten Feld.

Weihnachtsgeschichte: Falten Sie ein Leporello-Buch und zeichnen Sie auf einer Seite des Buches die folgenden Figuren auf: Maria, Joseph, Jesus und die Hirten. Nachdem die Kinder die Figuren ausgemalt und jedes Feld beschriftet haben, können sie die Felder auseinander schneiden und daraus eine Krippenszene zusammenstellen.

Leute-Bücher mit Klappen

Falten und schneiden Sie die Grundform des Leute-Buches (S. 14). Falten Sie das Blatt auf und schneiden Sie Klappen in die unteren Felder. Dann falten Sie das Blatt wieder zu einem Leporello-Buch.

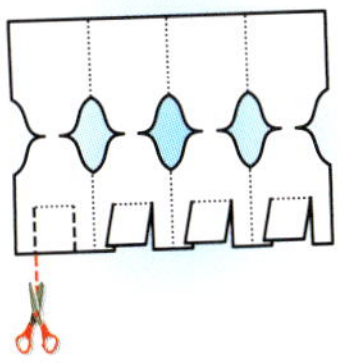

Schneller geht's so

1. Falten und schneiden Sie die Grundform des Leute-Buches. Falten Sie das Blatt auf und falten Sie es der Breite nach auf die Hälfte.

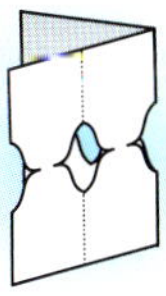

2. Falten Sie die Seitenränder auf den vertikalen Mittelfalz. Machen Sie zwei parallele Einschnitte, wie abgebildet.

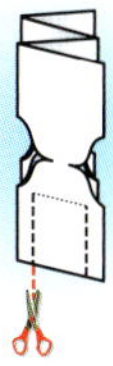

3. Falten Sie alle Klappen nach vorn. Falten Sie das Blatt auf.

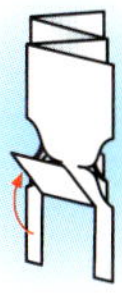

4. Falten Sie das Blatt wieder zu einem Leporello-Buch.

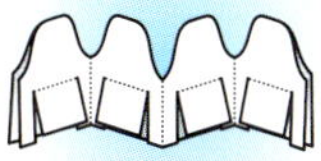

Klappen-Bücher mit Beinen

Da bei dieser Buchform viel geschnitten werden muss, sollten Sie die Bücher vorbereiten. Die Kinder illustrieren sie und versehen sie dann mit Text.

1. Richten Sie ein Blatt Papier im Querformat aus und falten Sie die Oberkante bis auf ungefähr 3 cm an die Unterkante.

2. Falten Sie das Blatt der Breite nach auf die Hälfte. Der kürzere Teil ist auf der Außenseite. Falten Sie die Seitenränder auf den vertikalen Mittelfalz.

3. Schneiden Sie eine einfache Figur aus. Achten Sie darauf, dass Sie die Oberkante der Felder nicht einschneiden und dass die Beine der Figur weniger als 3 cm lang sind.

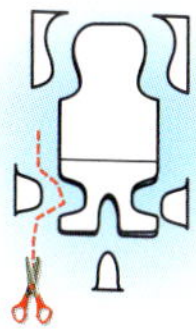

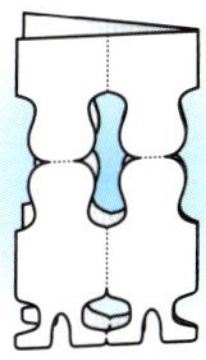

4. Klappen Sie das Blatt auf. Falten Sie es erst einmal, dann noch einmal der Breite nach auf die Hälfte. Schneiden Sie nun kleine Klappen in die Felder ohne Beine.

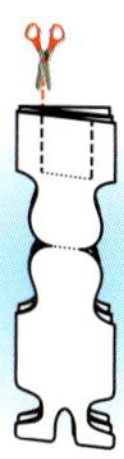

5. Entfalten Sie das Blatt erneut. Falten Sie es am horizontalen Mittelfalz auf die Hälfte und legen Sie die Felder in Zickzackform aufeinander.

Themenvorschläge

Lassen Sie die Schüler über Essen nachdenken: was sie gerne bzw. nicht gerne essen und über Nahrungsmittel, die ihrer Meinung nach gut für sie sind. Auf Seite 1 ihres Buches zeichnen sie einen Kopf und schreiben unter die Klappe, was sie am liebsten essen. Auf die Außenseite der Klappe können sie einen Satzanfang schreiben, z.B. „Ich mag ...“ und den Satz dann unter der Klappe ergänzen. Auf den Seiten 2 bis 4 folgen weitere Speisen, die sie mögen bzw. nicht mögen.

3 Umgekehrte Bücher

Auf den Innenseiten des Buches wird gemalt und auf den äußeren Seiten wird geschrieben. Mit diesen Projekten sprechen Sie vor allem potentiell „schreibunlustige" Jungen an, indem Sie einen spannenden Gegenstand einführen, z.B. ein Auto. Wenn man das Buch umdreht, wird etwas anderes daraus, z.B. ein Tierkopf. Dadurch eröffnen sich neue thematische Möglichkeiten und das Buch wird dadurch noch interessanter.

Die Grundform

Falten Sie ein Leporello-Buch, zeichnen Sie die Umrisse eines Autos auf und schneiden Sie sie wie abgebildet aus.

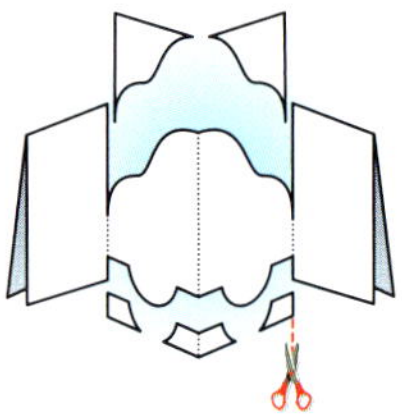

Schneller geht's so

Nehmen Sie ein Leporello-Buch und falten Sie die äußeren Felder auf. Nun schneiden Sie vom Mittelfalz ausgehend ein halbes Auto aus. Falten Sie das Buch auf, so dass das Auto innen liegt und die äußeren Felder beschriftet werden können.

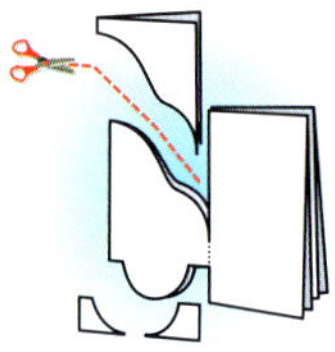

Die Räder des Autos sollten bis an den unteren Rand reichen.

Themenvorschlag

Die Kinder malen das Auto in den mittleren Feldern in allen Einzelheiten aus und schreiben dann einen Text auf die Felder rechts und links vom Auto. Sie schreiben auf die Vorder- und Rückseite der Felder:

Feld 1: Ich fahre in meinem neuen Auto.
Feld 2: Ich fahre nach …
Feld 3: Wenn ich dort ankomme, will ich …
Feld 4: Wenn ich wieder nach Hause komme, will ich …

Ein Hintergrund für das Auto

1. Falten Sie ein Leporello-Buch aus DIN-A3-Papier. Entfalten Sie das Blatt und knicken Sie es der Breite nach auf die Hälfte. Vom Mittelfalz ausgehend schneiden Sie ein halbes Auto in die unteren Mittelfelder.

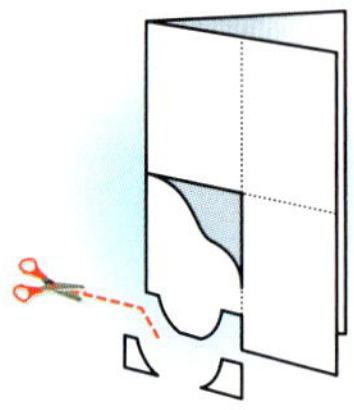

2. Falten Sie das Blatt wieder auseinander und knicken Sie es der Länge nach auf die Hälfte, um daraus wieder ein Leporello zu machen.

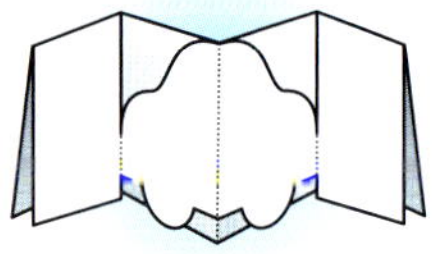

Themenvorschläge

Die Kinder malen das Auto im Vordergrund an und zeichnen im Hintergrund ein paar Zuschauer. Auf das linke Feld schreiben sie die Namen der Leute im Auto und auf dem rechten Feld schreiben sie auf, wohin die Leute fahren.

Geben Sie der Klasse das Thema „Das Zauberauto". Lassen Sie die Kinder überlegen, was das Auto zu einem Zauberauto macht. Auf den Seiten 1 und 4 des Buches können sie aufschreiben, welche außergewöhnlichen Dinge das Auto kann.

Goldlöckchen und die drei Bären

Falten und schneiden Sie die Grundform des Auto-Buches, doch diesmal drehen Sie den Umriss des Autos um. Aus dem Auto wird ein Bär!

Schneller geht's so

Nehmen Sie ein Leporello-Buch und falten Sie die äußeren Felder auf. Schneiden Sie vom Mittelfalz ausgehend ein halbes Auto aus, das auf dem Kopf steht. Falten Sie das Buch auf, so dass der Bärenkopf innen liegt und die äußeren Felder beschriftet werden können.

Themenvorschläge

Erzählen Sie den Kindern die Geschichte von Goldlöckchen und den drei Bären. Lassen Sie sie in die mittleren Felder ein Bild vom kleinen Bären malen. Das Schreibprojekt hat folgendes Thema: Goldlöckchen schreibt einen Brief an den kleinen Bären und entschuldigt sich dafür, dass es seinen Stuhl kaputtgemacht hat. Dieser Brief kommt auf die Vorderseite des linken Feldes. Auf die Rückseite des linken Feldes kommt die Antwort des kleinen Bären. Der Briefwechsel kann auf Vorder- und Rückseite des rechten Feldes fortgesetzt werden.

Lassen Sie die Kinder auf der ersten Seite eine Liste von Fragen aufschreiben, die sie dem kleinen Bären gern stellen würden, z.B. was er außer Haferbrei sonst noch gern isst. Sie können die Antworten des kleinen Bären auf die 4. Seite schreiben. Wenn sie mögen, können sie auch die passenden Bilder dazu malen.

Die Kinder schreiben auf, was man aus der Geschichte von Goldlöckchen und den drei Bären lernen kann, z.B. dass man immer seine Haustür abschließen sollte oder dass man ein fremdes Haus nur betreten darf, wenn man eingeladen ist.

Frösche!

Verwenden Sie dieses Buchprojekt für eine Unterrichtseinheit über Frösche.

1. Falten und schneiden Sie die Grundform des Auto-Buches. Das Auto steht dabei auf dem Kopf! Bei dieser Variante wird aus dem Autoumriss ein Froschkopf.

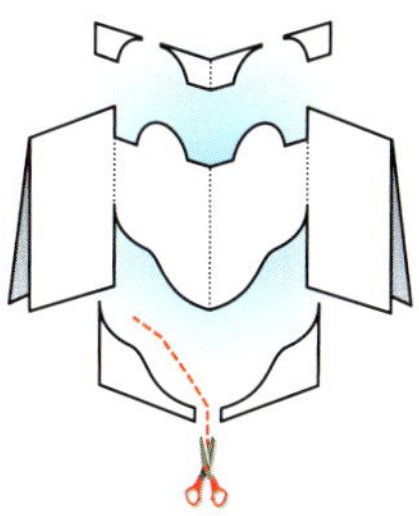

2. Entfalten Sie das Blatt und falten Sie es der Breite nach auf die Hälfte. Machen Sie vom Mittelfalz aus einen horizontalen Einschnitt in die untere Kopfform.

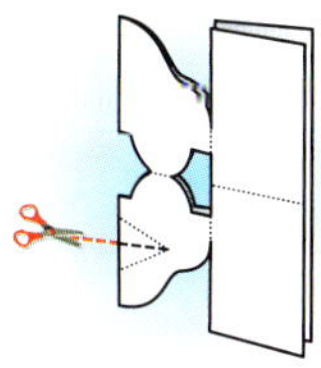

3. Knicken Sie die Einschnitte schräg nach oben und nach unten und machen Sie sie durch Hin- und Herfalten beweglich. Falten Sie das Blatt auf.

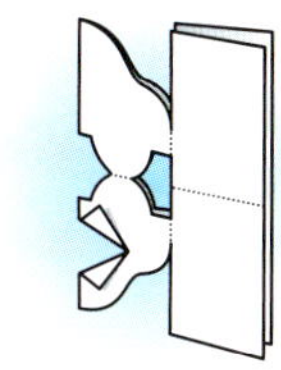

4. Knicken Sie das Blatt am horizontalen Mittelfalz auf die Hälfte und falten Sie die Felder in Zickzackform aufeinander. Nun ziehen Sie die Dreiecke über dem horizontalen Einschnitt nach vorn, so dass sie ein Froschmaul bilden.

Schneller geht's so

Nehmen Sie ein Leporello-Buch und falten Sie die äußeren Felder auf. Schneiden Sie vom Mittelfalz ausgehend ein halbes Auto aus, das auf dem Kopf steht. Falten Sie das Blatt auf und fahren Sie mit Schritt 2 der Anleitung fort.

Themenvorschlag

Lassen Sie die Kinder über die Haftballen an den Zehen der Frösche schreiben, die es ihnen ermöglichen, auf Bäume zu klettern. Frösche sind außerdem fantastische Springer. Was könnte man sonst noch über sie schreiben?

4 Paläste, Pyramiden und mehr!

Diese Buchprojekte lassen sich im Zusammenhang mit imaginären oder historischen Gebäuden einsetzen. Sie weisen dreieckige Ausschnitte auf und haben mit zusätzlichen, seitlichen Feldern viel Platz zum Schreiben.

Die Grundform

Falten Sie aus DIN-A3-Papier ein Leporello-Buch. Schneiden Sie die Dreiecke wie in der Abbildung aus.

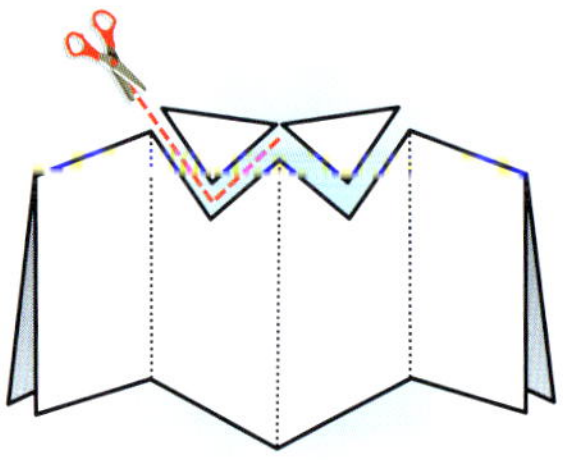

Schneller geht's so

Nehmen Sie ein Leporello-Buch und entfalten Sie die äußeren Felder. Schneiden Sie am oberen Falz die Dreiecke aus und falten das Buch wieder zum Leporello.

Themenvorschlag

Vergewissern Sie sich, dass die Kinder die Geschichte von Aschenputtel kennen. Auf der Vorderseite des Leporello-Buches malen sie in die beiden Mittelfelder, wie Aschenputtel in Lumpen gekleidet das Haus putzt. Auf den angrenzenden Seiten, den Seiten 1 und 4, schreiben sie auf, welche Arbeiten sie verrichten muss.
Die Kinder können sich dann die Rückseite des Leporello-Buches vornehmen und in die Mittelfelder malen, wie Aschenputtel in feinen Kleidern auf dem Ball im Palast tanzt. Auf den angrenzenden Seiten, den Seiten 1 und 4, schreiben sie auf, was sie anhat.

Party-Planer

1. Falten und schneiden Sie die Grundform des Palast- und Pyramiden-Buches. Falten Sie das Blatt auf und schneiden Sie in den unteren Seitenfeldern seitliche Klappen ein.

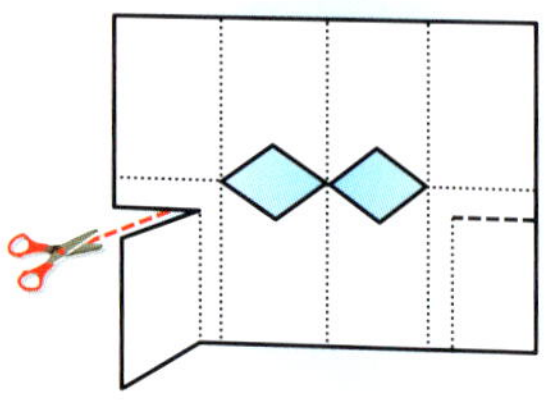

2. Falten Sie den Planer am horizontalen Mittelfalz auf die Hälfte und machen Sie wieder ein Leporello-Buch daraus.

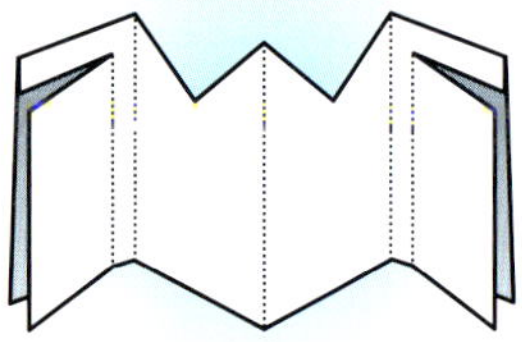

Schneller geht's so

Falten und schneiden Sie die Grundform des Palast- und Pyramiden-Buches nach dem vereinfachten Verfahren zu (siehe Grundform).
Falten Sie das Blatt auseinander und knicken Sie es am vertikalen Mittelfalz auf die Hälfte. Schneiden Sie die seitlichen Klappen ein. Entfalten Sie das Blatt wieder und machen Sie erneut ein Leporello-Buch daraus.

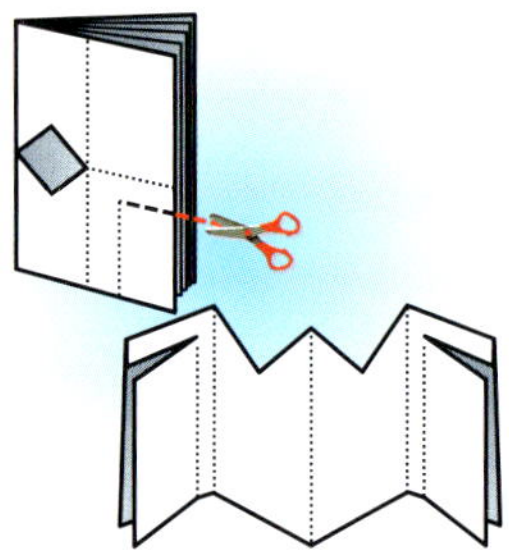

Themenvorschlag

Wir feiern eine Party! Die Kinder malen in die Mittelfelder des Leporello-Buches einen spitzen Partyhut über ein lachendes Gesicht. In die seitlichen Felder können sie die folgenden Informationen schreiben:
eine Liste der Kinder, die sie eingeladen haben, Spiele für die Party, was es zu Essen gibt, das Rezept für einen Geburtstagskuchen, die Einladung und Antworten auf die Einladung.

In den Ferien

1. Falten und schneiden Sie die Grundform des Palast- und Pyramiden-Buches. Entfalten Sie das Blatt ganz und machen Sie am unteren Ende des Mittelfalzes einen Einschnitt. Falten Sie die Schnittkanten schräg nach rechts und links, damit sie wie eine Zeltöffnung aussehen. Machen Sie zwei weitere horizontale Einschnitte wie in der Abbildung.

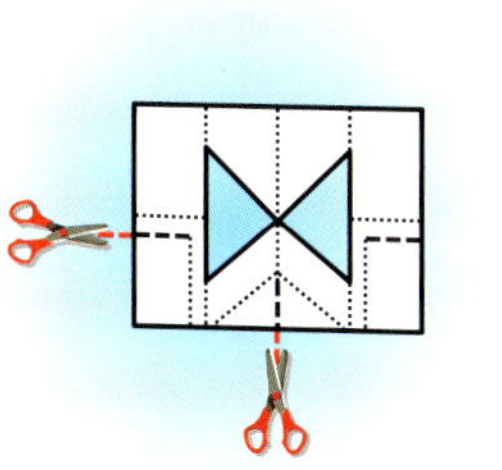

2. Knicken Sie das Blatt am horizontalen Mittelfalz auf die Hälfte und machen Sie wieder ein Leporello-Buch daraus.

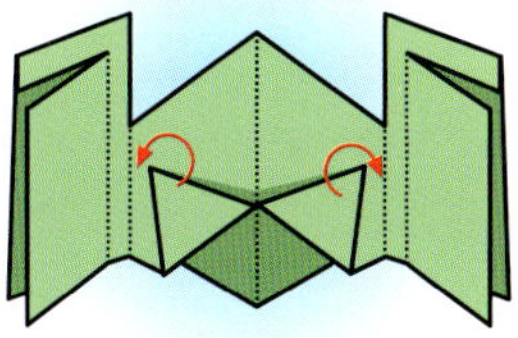

Schneller geht's so

Gehen Sie so vor wie bei dem Party-Planer. Schneiden Sie zusätzlich die mittlere Zeltöffnung ein.

Themenvorschlag

Die Kinder malen eine Szene zum Thema „Mein bester Freund und ich" in die Zeltöffnung. Auf der Innenseite der linken Klappe auf Seite 1 listen sie alle Sachen auf, die sie mitnähmen, wenn sie mit ihrem Freund in die Ferien fahren würden (z.B. Reisepass, Landkarten, Badezeug, Federballschläger, einen Ball, Sandalen). Auf der Innenseite der rechten Klappe können die Kinder weitere Bilder hinzufügen und sie beschriften, z.B. einen Erste-Hilfe-Koffer mit Beschriftungen des Inhalts (z.B. Bandagen, Heftpflaster, Sonnenöl etc).

Sie müssen sich nicht unbedingt an die hier vorgeschlagenen Formen halten. Denken Sie sich selbst Formen aus und kombinieren Sie die Buchformen miteinander.

Im alten Ägypten

1. Falten und schneiden Sie das Buch wie das Ferienbuch zu. Machen Sie den Einschnitt am vertikalen Mittelfalz aber länger.

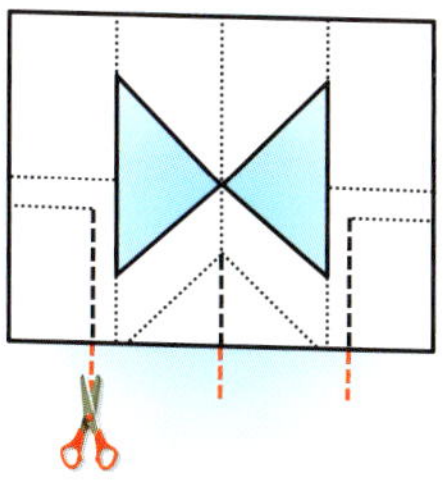

2. Schneiden Sie die Klappen auf den Seiten 1 und 4 so zu, dass man sie nach oben klappen kann. Dann falten Sie das Blatt wieder zum Leporello-Buch.

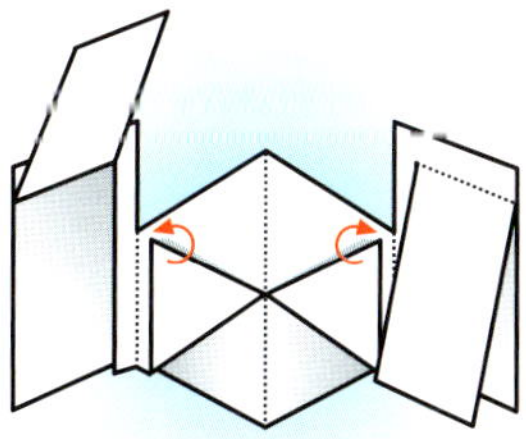

Themenvorschlag

Setzen Sie dieses Buch für ein Projekt zum Thema Ägypten ein. Unter die Öffnung in den mittleren Feldern können die Kinder eine ägyptische Mumie malen. Auf den Außenseiten der seitlichen Klappen können die Kinder aufschreiben, was die Pharaonen auf ihrer Reise in das nächste Leben mitnahmen, z.B. goldene Gefäße und Statuen. Unter den Klappen können sie Bilder von den Gegenständen malen, die sie beschrieben haben.

5 Burgen-Bücher

Burgen kommen häufig in Märchen und Sagen vor und bilden einen wichtigen Teil unseres historischen Erbes. Die Kinder können sowohl auf der Innen- als auch auf der Außenseite malen und lernen so, wie Burgen gebaut wurden und wie es war, dort zu leben.

Die Grundform

1. Basteln Sie ein Leporello-Buch. Entfalten Sie das Blatt und richten Sie es im Querformat aus. Knicken Sie es der Breite nach auf die Hälfte und schneiden Sie die horizontale Mittellinie vom Falz aus zur Hälfte ein.

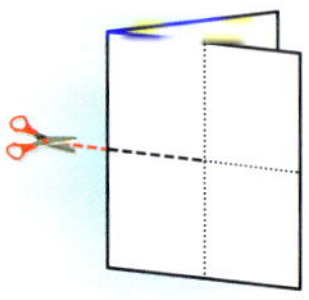

2. Öffnen Sie das Blatt wieder komplett, richten Sie es im Querformat aus und falten Sie es am horizontalen Mittelfalz auf die Hälfte. Schneiden Sie an der Oberkante der Mittelfelder je ein Rechteck aus. Dabei schneiden Sie durch beide Papierlagen gleichzeitig.

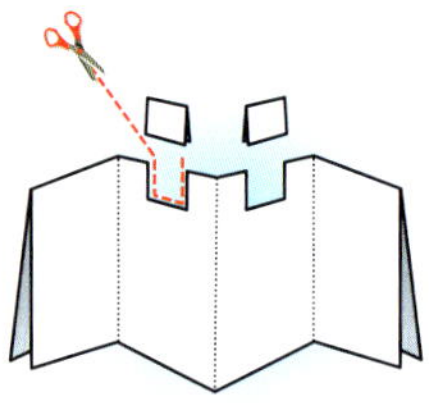

3. Schieben Sie das rechte und das linke Seitenfeld so gegeneinander, dass eine quadratische Öffnung entsteht.

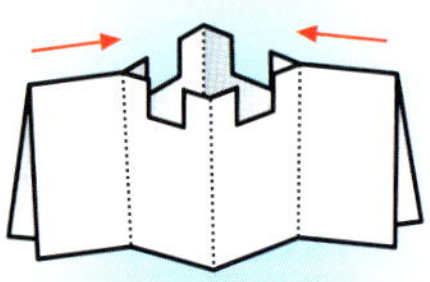

Schneller geht's so

Führen Sie Schritt 1 durch. Dann falten Sie die obere Hälfte nach hinten und schneiden an der Oberkante der Mittelfelder ein Rechteck aus. Falten Sie das Blatt auseinander, knicken Sie es im Querformat am horizontalen Mittelfalz auf die Hälfte und führen Sie Schritt 3 aus.

Streichen Sie die vertikalen Faltlinien sorgfältig glatt, damit die Burg besser steht.

Rapunzel

Führen Sie die Schritte 1–3 für die Grundform des Burgen-Buches aus. In den vertikalen Mittelfalz der vorderen Mittelfelder schneiden Sie eine rechteckige Öffnung.

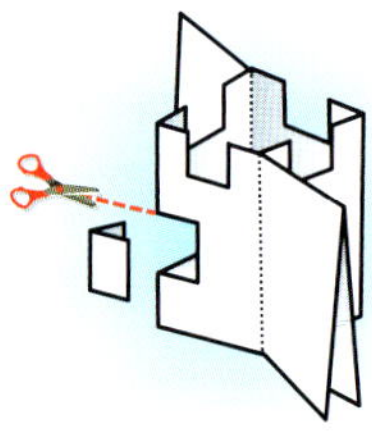

Themenvorschläge

Auf einem zusätzlichen Blatt Papier zeichnen die Kinder ein Bild von Rapunzel und schneiden es aus. Für ihre langen Haare können sie gelbe Wolle verwenden. Dann kleben sie die Figur hinter den unteren Fensterrahmen und lassen ihr Haar an der Burgmauer herabhängen. Auf die seitlichen Felder schreiben sie eine kurze Zusammenfassung der Szene, in der Rapunzel ihr Haar herunterlässt.

Lassen Sie die rechteckigen Einschnitte am oberen Rand der Burg weg. Die Burg wird so zu einem Baumstamm. Legen Sie den Baumstamm flach auf die Arbeitsfläche und malen Sie ein Tier in die Fensteröffnung, das in einem Baum lebt, z.B. ein Eichhörnchen. Auf die seitlichen Felder können Sie Rahmen-Themen (Aussehen, Nahrung, ...) über die gemalten Tiere schreiben, zu denen die Kinder je kleine Informationstexte verfassen.

Dornröschen

1. Führen Sie Schritt 1 für die Grundform des Burgen-Buches durch. Dann falten Sie die obere Hälfte nach hinten und schneiden an der Oberkante der Mittelfelder ein Rechteck aus. Falten Sie das Blatt auseinander, knicken Sie es der Breite nach auf die Hälfte und machen Sie in den unteren Mittelfeldern am vertikalen Mittelfalz zwei parallele Einschnitte.

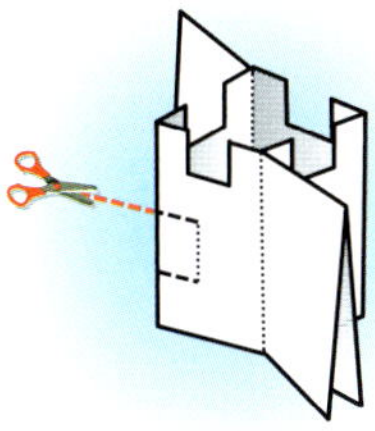

2. Schneiden Sie den Mittelfalz der Tür durch und falten Sie die Türflügel auseinander.

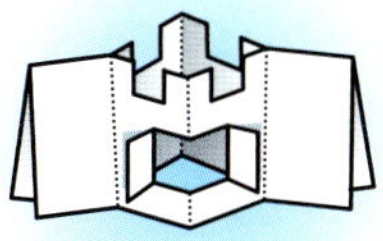

Schneller geht's so

Führen Sie Schritt 1 für die Grundform des Burgen-Buches durch. Dann falten Sie die obere Hälfte nach hinten und schneiden an der Oberkante der Mittelfelder ein Rechteck aus. Entfalten Sie das Blatt, knicken Sie es der Breite nach auf die Hälfte und machen Sie in den unteren Mittelfeldern am vertikalen Mittelfalz zwei parallele Einschnitte. Öffnen Sie das Blatt und falten Sie es dann zu einem Burgen-Buch. Zum Schluss durchtrennen Sie den Mittelfalz zwischen den Türflügeln.

Themenvorschlag

Lesen Sie der Klasse das Märchen von Dornröschen vor. Die Kinder legen ihre Burgen-Bücher flach auf den Tisch. In die Türöffnung zeichnen sie Dornröschen, wie es schlafend auf dem Bett liegt. An der Außenmauer zeichnen sie den Prinzen, der dort hinaufklettert. Auf den Seiten 1 und 4 erzählen die Kinder die Geschichte nach, z.B. „Die Prinzessin schlief hundert Jahre lang ...“ und „Der Prinz kletterte ...“

Ein Bankett im Schloss

Falten und schneiden Sie dieses Buch genau so wie das Dornröschen-Buch. Verwenden Sie aber DIN-A3-Papier und machen Sie die Tür in den Mittelfeldern (auf den Seiten 2 und 3) größer. Schneiden Sie Torbögen und Zinnen in die Seiten 1 und 4.

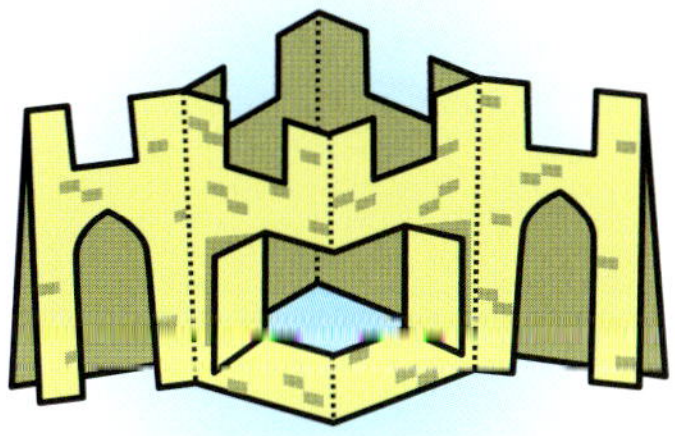

Themenvorschlag

Zeigen Sie den Kindern Bücher, in denen Abbildungen von mittelalterlichen Banketten zu sehen sind. Machen Sie sie darauf aufmerksam, welche unterschiedlichen Dinge passieren: die Speisen wurden zu den Tischen gebracht, es gab Musiker, der Schlossherr und seine Dame saßen am Tisch und aßen, Kinder spielten etc. Lassen Sie die Kinder in die Türöffnung des Schlosses eine festlich gedeckte Tafel mit Speisen und Getränken malen.
Auf der Klappe des linken Torbogens können sie auflisten, was es bei dem Festmahl zu essen und zu trinken gab.
Darunter können Sie ein Bild dazu malen, vielleicht ein Bild von jemandem, der isst und trinkt. Auf der Klappe des rechten Torbogens können sie aufschreiben, welche Spiele die Kinder im Mittelalter spielten und darunter ein Bild von spielenden Kindern malen.

Probieren Sie aus, wie Sie die Seiten 1 und 4 so an einer Pinnwand befestigen können, dass die Burg weiterhin als dreidimensionale Form erscheint.

6 Bücher mit Konturen

Diese Buchform ermöglicht eine Panorama-Präsentation der Bilder mit Konturen am Rand. Diese Form motiviert die Kinder besonders zum Schreiben.

Die Grundform

1. Falten Sie ein Leporello-Buch. Entfalten Sie das Blatt und knicken Sie die äußeren Seitenkanten auf den vertikalen Mittelfalz. Machen Sie zwei Einschnitte, wie in der Abbildung.

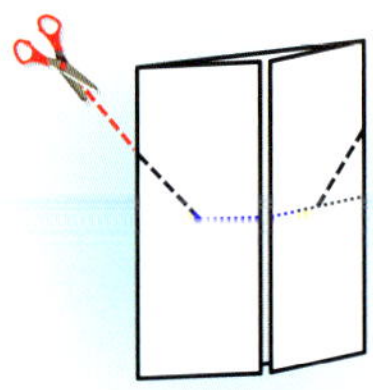

2. Entfalten Sie das Blatt. Knicken Sie es der Länge nach auf die Hälfte. Dabei liegen die Schnittlöcher auf der Rückseite. Legen Sie die Seiten in Zickzackform aufeinander und klappen Sie die entstandenen Dreiecke nach oben.

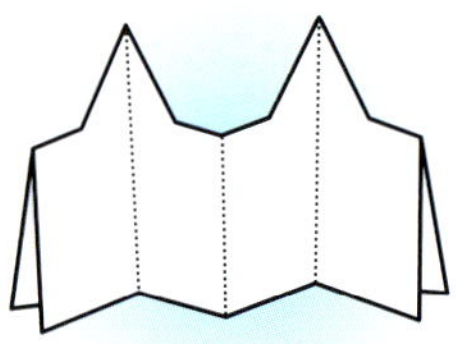

Themenvorschläge

Die Kinder könnten einen Zauberer auf die linke Seite ihres Buches zeichnen. Auf die rechte Seite schreiben sie einen Zauberspruch, malen und beschriften die Sachen, die man dafür braucht.

Clowns: Machen Sie keine schrägen Einschnitte, sondern schneiden Sie Viertelkreise aus. Wenn das Buch fertig gefaltet ist, wird daraus auf beiden Seiten ein Clownshut.
Die Kinder bemalen die Hüte und zeichnen ein fröhliches und ein trauriges Gesicht dazu. Sie geben den Köpfen Namen und erklären in einer kleinen Erzählung, warum der eine Clown froh ist und der andere traurig.

Pop-up-Raute

1. Falten Sie ein Leporello-Buch. Klappen Sie das Blatt auf und knicken Sie die rechte Seitenkante auf den vertikalen Mittelfalz. Machen Sie einen schräg zulaufenden Einschnitt.

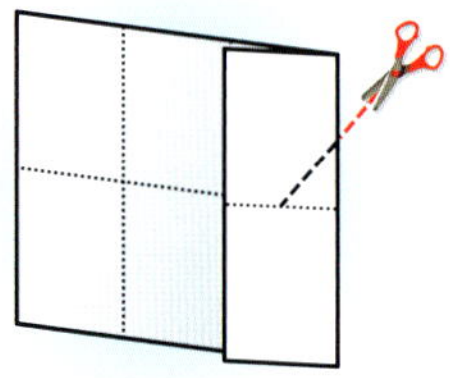

2. Falten Sie das Papier am Einschnitt schräg nach unten. Biegen Sie es wieder nach oben und entfalten Sie das Blatt.

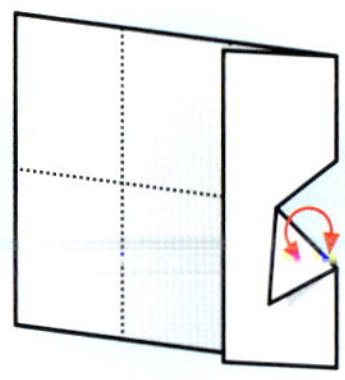

3. Falten Sie das Blatt zum Konturen-Buch. Dabei liegt das Schnittloch diesmal vorn. Die Pop-up-Raute faltet sich zwischen den Seiten 3 und 4 nach innen, wenn Sie das Buch schließen. Sie kommt aber zum Vorschein, wenn das Buch geöffnet wird.

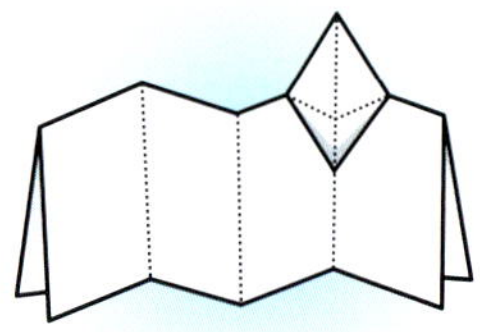

Themenvorschläge

Lassen Sie die Kinder überlegen, was die Rautenform darstellen könnte, z.B. einen Vogel. Sie könnten auf den ersten beiden Seiten eine Geschichte über die Reise eines Windvogels schreiben und sie auf den verbleibenden Seiten entsprechend illustrieren.

Nehmen Sie die Rautenform als Stern. Die Kinder können ein Gedicht darüber schreiben, was der Stern sieht, wenn er von oben auf die Erde blickt.

Die Pop-up-Raute könnte auch eine Blume sein. Die Kinder könnten Blütenblätter, einen Stängel, Blätter und Wurzeln malen und die Pflanzenteile beschriften. Auf den linken Seiten können sie notieren, wie Pflanzen und Blumen aus Samen wachsen.

Quadrate, Dreiecke und Kreise

1. Falten Sie ein Leporello-Buch. Entfalten Sie das Blatt und falten Sie die äußeren Seitenkanten auf den vertikalen Mittelfalz. Machen Sie zwei Einschnitte, wie in der Abbildung.

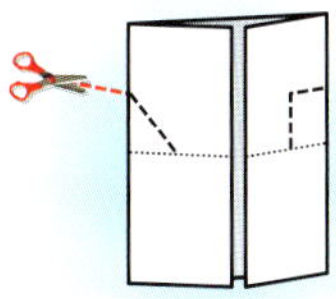

2. Falten Sie das Blatt auseinander und knicken Sie es an der vertikalen Mittellinie auf die Hälfte. Machen Sie einen schrägen Einschnitt, wie in der Abbildung gezeigt.

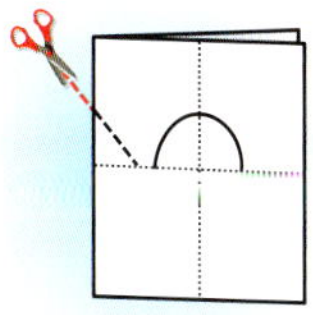

3. Entfalten Sie das Blatt erneut. Knicken Sie es der Länge nach auf die Hälfte. Dabei liegen die Schnittlöcher auf der Rückseite. Legen Sie die Seiten in Zickzackform aufeinander.

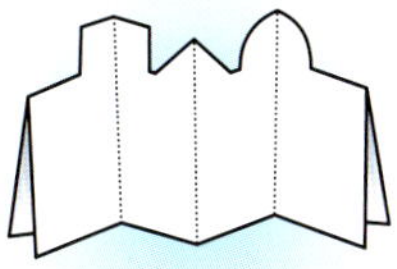

Themenvorschlag

Lassen Sie die Kinder über Formen nachdenken. Sie malen einen quadratischen Gegenstand in die erste Form, z.B. ein Geburtstagsgeschenk. Darunter schreiben sie eine Liste anderer quadratischer Sachen. Mit den anderen Formen verfahren sie genauso.

Tag und Nacht

1. Falten Sie ein Leporello-Buch. Öffnen Sie das Blatt und falten Sie die äußeren Seitenkanten auf den vertikalen Mittelfalz. Schneiden Sie zwei Viertelkreise ein, wie in der Abbildung.

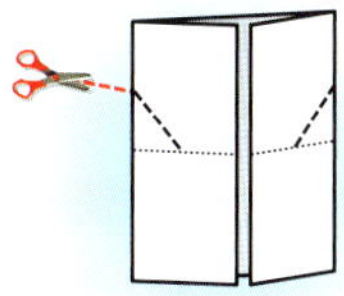

2. Entfalten Sie das Blatt. Knicken Sie es der Länge nach auf die Hälfte. Dabei liegen die Schnittlöcher auf der Rückseite. Legen Sie die Seiten in Zickzackform aufeinander.

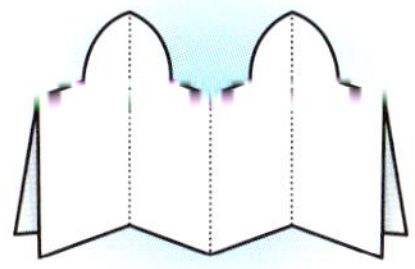

Schneller geht's so

Führen Sie den ersten Teil von Schritt 1 durch. Öffnen Sie das Leporello komplett und legen Sie die Seiten in Zickzackform aufeinander. Beim Einschneiden sollten Sie darauf achten, dass Sie die Seite einschneiden, die zwei (nicht nur einen) Falze aufweist. Dann führen Sie den Schritt 2 durch.

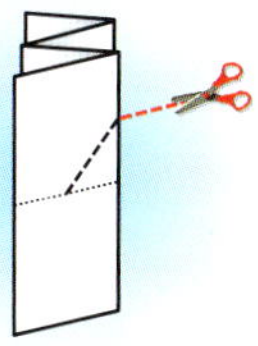

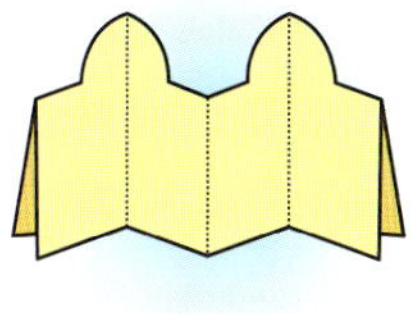

Themenvorschlag

In die vier Viertel des ersten Kreises malen die Kinder, was sie mit „Tag" assoziieren, z.B. die Sonne, tagaktive Vögel, offene Blüten und Kinder, die draußen spielen. In den anderen Kreis malen sie Nachtbilder: den Mond, Sterne, eine Eule, schlafende Kinder. Unterhalb der Kreise können sie beschreiben, was sie gezeichnet haben.

Gleichmäßige Halbkreise bekommen Sie, wenn Sie einen Zirkel oder einen Dosendeckel als Schablone benutzen.

Zickzack-Bücher

Diese Bücher in Zickzackform, die sich nach unten auffalten, lassen sich in unterschiedlichen Kontexten einsetzen und stellen in Ausstellungen eine hübsche Alternative zu den üblichen horizontal ausgerichteten Büchern dar.

Die Grundform

1. Falten Sie ein Leporello-Buch im Querformat auseinander und schneiden Sie es entlang der vertikalen Mittellinie in zwei Hälften.

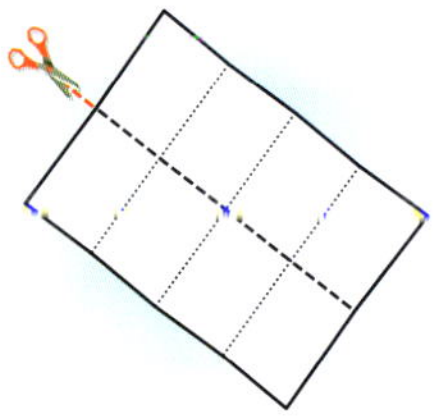

2. Fassen Sie einen der beiden Streifen an einer Schmalkante und schneiden Sie die beiden oberen Ecken diagonal ab.

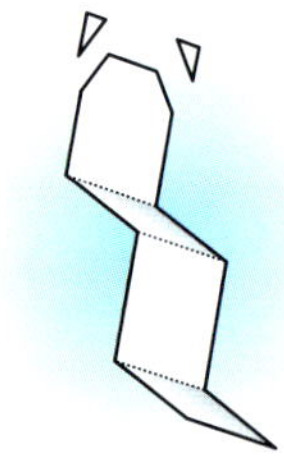

Themenvorschläge

Die Kinder stellen sich vor, dass sie Besitzer eines Spielzeuggeschäftes sind, und schreiben eine Liste der Sachen auf, die sie verkaufen. Sie können auf den vier Etagen des Geschäfts verschiedene Abteilungen unterbringen, z.B. Spielzeuge für drinnen oder draußen, große oder kleine Spielsachen. Dazu malen und beschriften sie die entsprechenden Gegenstände.

Sagen Sie den Kindern, dass es sich bei dem Buch um eine Speisekarte handelt. Die Kinder malen ein Restaurant in das oberste Feld und schreiben dann Vorspeisen, Hauptspeisen und Nachtisch in die restlichen Felder.
Welche Arten von Speisen können sie in die verschiedenen Felder malen und beschriften?

Postkartenmappe

1. Falten und schneiden Sie die Grundform des Zickzack-Buches. Knicken Sie das dritte Feld leicht der Länge nach auf die Hälfte. Schneiden Sie im rechten Winkel dazu einen Schlitz ein und falten das Blatt dann auf.

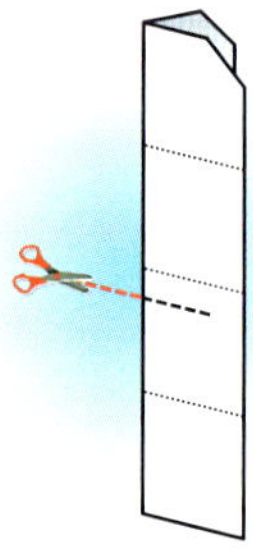

2. Falten Sie das Buch zu einer Mappe. Dabei schieben Sie die 1. Seite in den Schlitz auf der Rückseite von Seite 3.

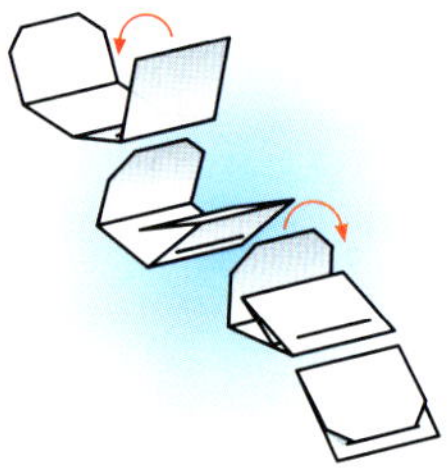

Themenvorschläge

Die Kinder schreiben vier unterschiedliche Ferienpostkarten an ihre Freunde. Z.B.: „Heute früh war ich …" oder „Heute nachmittag will ich …"

Sagen Sie den Kindern, sie sollen sich vorstellen, dass das Buch eine Standuhr ist. Sie könnten in das oberste Feld ein Zifferblatt malen und an den Fuß der Uhr eine Maus. Die Erzählung könnte mit „Die Maus lief die Uhr hinauf" anfangen.
Alternative: Die Kinder könnten in den unteren Feldern ihren Tagesablauf illustrieren und beschreiben und ihn in „Vormittag", „Nachmittag" und „Abend" einteilen.

Das Buch könnte ein Mehrfamilienhaus darstellen, in dem auf jeder der vier Etagen eine andere Familie wohnt. Die Kinder malen die einzelnen Familien und geben ihnen Namen.

Das Buch bekommt eine persönliche Note, wenn der Name des Empfängers auf dem Titelblatt steht, z.B. „Ein Geschenk für Mama". Sie könnten auch versuchen, jede Postkartenmappe auf eine Seite eines Akkordeon-Buches mit Pappeinband zu kleben (siehe S. 52f.).

Ein Haus im Wald

1. Falten und schneiden Sie die Grundform des Zickzack-Buches, ohne jedoch von Seite 1 die Ecken abzuschneiden. Halten Sie es im Hochformat und falten Sie das oberste Feld nach hinten. Knicken Sie die Ecken diagonal nach vorn und hinten, um den Falz beweglicher zu machen.

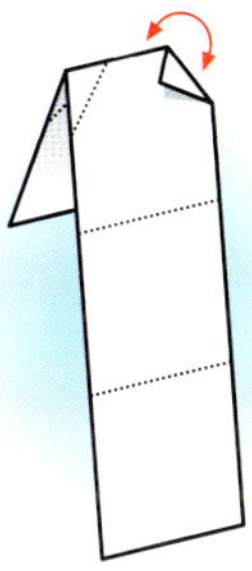

2. Falten Sie die Ecken nach innen wie in der Abbildung gezeigt.

Themenvorschläge

Die Kinder könnten die Geschichte von Hänsel und Gretel als Grundlage für dieses Projekt verwenden. Sie malen das Hexenhaus in das oberste Feld – Seite 1 des Buches. In die restlichen Felder schreiben sie, wie es Hänsel gelang, zu entkommen.

Wer lebt in diesem Haus? Suchen Sie sich eine beliebte Geschichte aus, in der ein Haus vorkommt, z.B. „Rotkäppchen" oder „Schneewittchen". Die Kinder malen ein Haus, das zu der Geschichte passt, und zählen dann die Hauptpersonen auf, die in der Geschichte vorkommen.

Der Thron des Geschichtenerzählers

1. Falten Sie ein Zickzack-Buch wie bei Schritt 1 der Grundform beschrieben. Entfalten Sie das Blatt und legen Sie es im Hochformat hin. Knicken Sie die Oberkante nach hinten auf die Mitte und machen Sie vier Schnitte, wie in der Abbildung gezeigt.

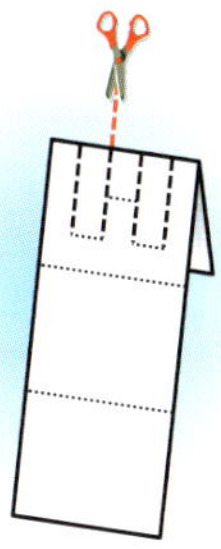

2. Falten Sie die eingeschnittenen Streifen vor und zurück. Öffnen Sie das Blatt.

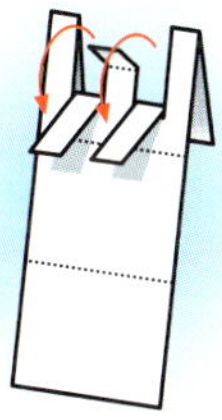

3. Falten Sie das Blatt an der vertikalen Mittellinie auf die Hälfte. Wenn Sie das Buch in Zickzackform zusammenlegen, erscheint wie von Zauberhand ein Pop-up-Stuhl.

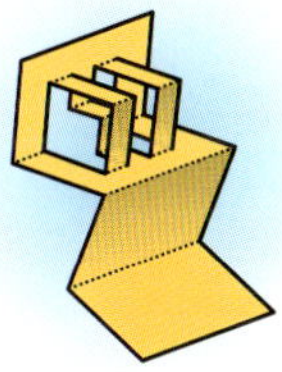

Themenvorschlag

Der Thron des Geschichtenerzählers sollte prunkvoll aussehen. Die Kinder malen prächtige Muster auf die Kissen und verzieren die Lehnen mit kostbaren Steinen.

8 Tier-Bücher 1

Tiere sind besonders interessant für Kinder und kommen in Geschichten aus der ganzen Welt vor. Alle Bücher dieses Projekts haben als Grundform das Origami-Buch (S. 10).
Daraus wird eine Tierform ausgeschnitten.
Der Tierkörper bietet Raum für Texte.

Themenvorschlag

Die Kinder stellen sich vor, sie seien eines der Rentiere, die den Schlitten des Weihnachtsmannes ziehen. Wie fühlt es sich an, über den Himmel zu fliegen? Was passiert, wenn die Rentiere alle Geschenke verteilt haben und nach Hause kommen? Verschenken sie selbst auch etwas und werden sie beschenkt?
Wenn die Kinder auf den Tierkörper geschrieben haben, regen Sie an, dass sie Geweihe ausschneiden und sie an den Kopf des Rentieres kleben.

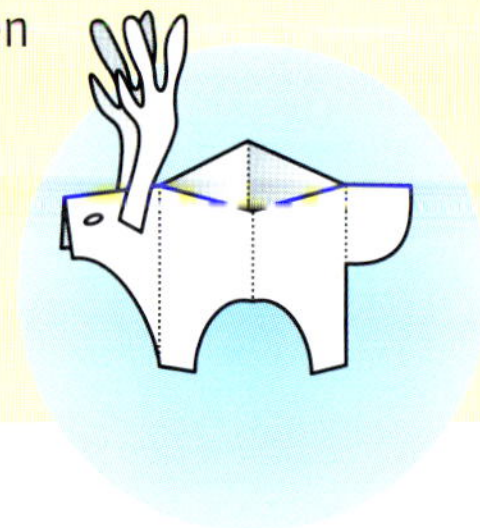

Die Grundform

1. Entfalten Sie ein Leporello-Buch und klappen Sie es der Breite nach auf die Hälfte. Von der Faltkante aus schneiden Sie den horizontalen Mittelfalz ein.

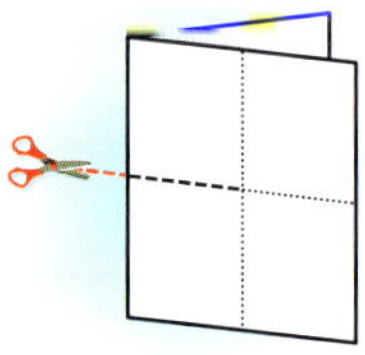

2. Falten Sie das Blatt auseinander. Knicken Sie es der Länge nach auf die Hälfte. Zeichnen Sie die Umrisse eines Tieres auf und schneiden Sie die überflüssigen Teile ab, wie in der Abbildung gezeigt. Die beiden äußeren Seiten dürfen an dem Falz nicht angeschnitten werden.

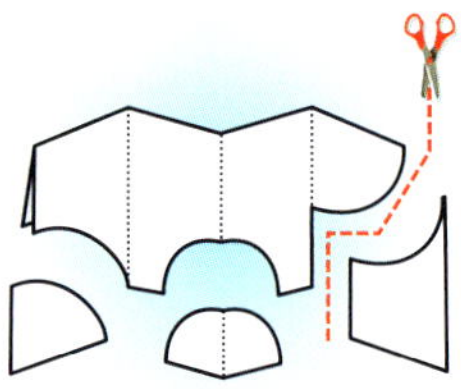

3. Schieben Sie die rechte und die linke Seite gegeneinander, so dass das Tier-Buch stehen bleibt.

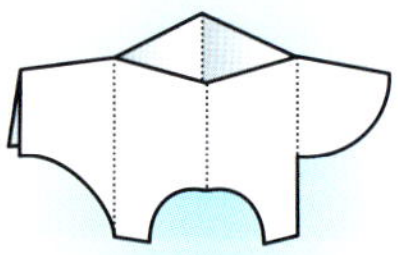

Schneller geht's so

Führen Sie Schritt 1 durch. Dann falten Sie die obere Hälfte nach hinten. Schneiden Sie aus dem unteren Mittelfeld eine Rundung aus. Entfalten Sie das Blatt, knicken Sie es der Länge nach auf die Hälfte und schneiden Sie Kopf und Schwanz des Tieres wie in Schritt 2 zu.

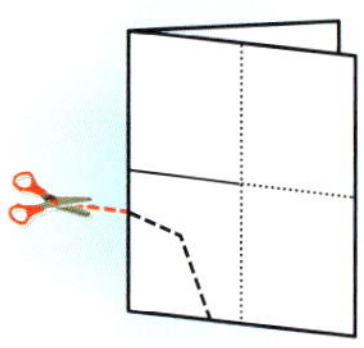

Katzen und Hunde

1. Falten und schneiden Sie die Grundform des Tier-Buches bis zu Schritt 2. Falten Sie das Blatt auf.

2. Schneiden Sie aus dem Vorderteil einen Katzenkopf wie bei a oder einen Hundekopf wie bei b zu.

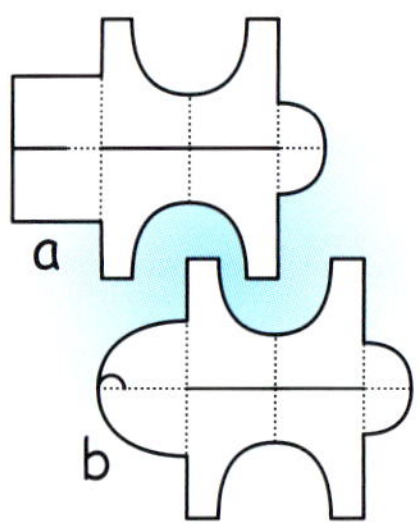

3. Falten Sie das Blatt der Länge nach auf die Hälfte. Schieben Sie die rechte und die linke Seite gegeneinander, so dass das Tierbuch stehen bleibt. Bei einem Katzenbuch falten Sie die Kopfsegmente nach rechts und links weg.

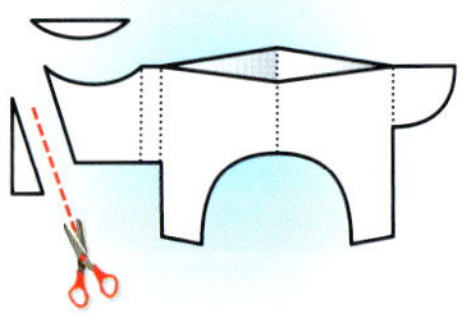

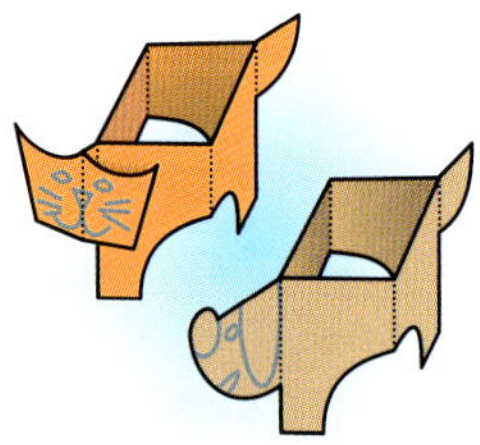

Wenn Sie die Kopfform zuschneiden, achten Sie darauf, dass Sie nicht bis zu den Mittelfeldern einschneiden.

Themenvorschläge

Geben Sie ein Thema vor, z.B. „Ein schöner Tag für Karl Katze“ oder „Wo ist Coco, der kleine Hund?“ Die Kinder zeichnen Karl Katze oder Coco, den Hund, und schreiben eine Geschichte dazu: „Ist Coco unter dem Tisch? Nein. Ist Coco hinter dem Fernseher? Nein. Ist Coco ... ? Nein. Ist Coco ... ? Ja.“

Die Kinder basteln ein Hunde- oder Katzenbuch und geben ihrem Tier einen Namen. Lassen Sie die Kinder aufschreiben, was zu tun ist, um ihr Haustier zu versorgen.

Ein Tag auf dem Bauernhof

1. Falten und schneiden Sie die Grundform des Tier-Buches bis zu Schritt 2.

2. Schieben Sie die rechte und die linke Seite gegeneinander, so dass das Tierbuch steht. Falten Sie die oberen Ecken des Kopfes als Ohren diagonal zur Seite, so dass ein Schwein oder eine Kuh entsteht.

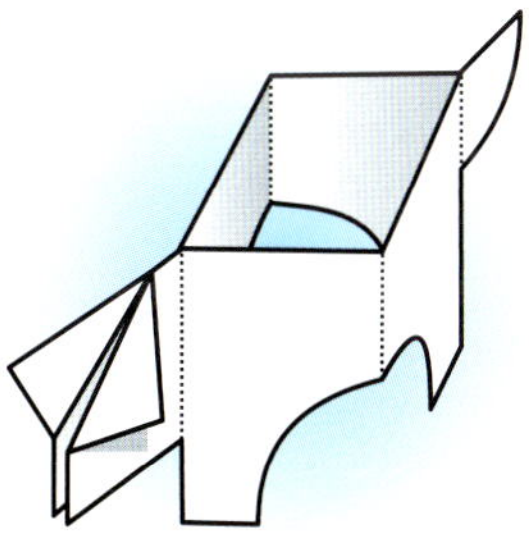

Themenvorschläge

Grunz, das Schwein, will den Bauernhof verlassen und ein Abenteuer erleben. Die Kinder schreiben eine kurze Erzählung über seine spannendsten Abenteuer.

In ein Kuh-Buch schreiben die Kinder, wie Milch zu Butter und Sahne wird. Sprechen Sie dazu vorher über die Herstellung der Milchprodukte in einer Molkerei.

Bedrohte Tierarten

1. Falten und schneiden Sie die Grundform des Tier-Buches bis zu Schritt 2.

2. Schieben Sie die rechte und die linke Seite gegeneinander, so dass das Tier-Buch stehen bleibt.

3. Schneiden Sie die Kopfform wie in der Abbildung zu.

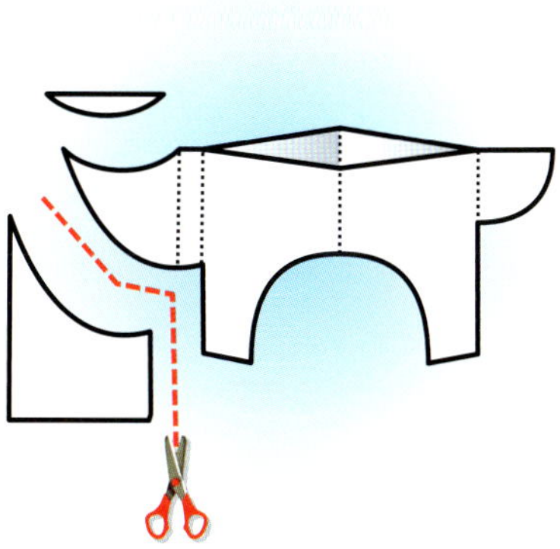

Kleben Sie die Kopfhälften zusammen. Dadurch wird das Buch stabiler.

Themenvorschlag

Einige Tierarten, z.B. Nashörner, sind ziemlich selten geworden. Die Kinder könnten über den Lebensraum, das Leben der Nashörner und den Tierschutz schreiben.

9 Tier-Bücher 2

Durch kleine Änderungen in der Falttechnik können Sie aus einem Origami-Buch auch große Tiere falten, z.B. prähistorische Geschöpfe oder einen Elefanten. Aus einem abgewandelten Faltmuster mit acht Rechtecken lassen sich lange, schmale Tiere fertigen, z.B. Krokodile.

Der Elefant

1. Falten und schneiden Sie die Grundform des Tier-Buches bis zu Schritt 2. Schneiden Sie die Kopfform zurecht.

2. Schieben Sie die rechte und linke Seite gegeneinander, so dass der Elefant stehen bleibt. Falten Sie die Elefantenohren zur Seite.

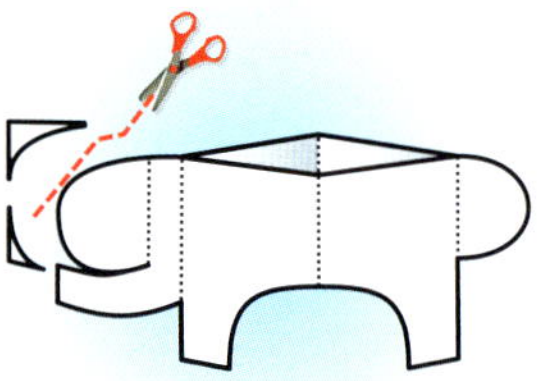

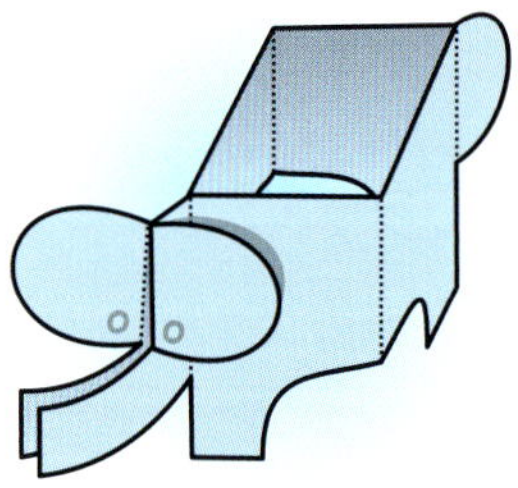

Themenvorschlag

Lassen Sie die Kinder eine Geschichte über einen Elefanten auf Urlaubsreise schreiben. Was nimmt er mit auf seine Reise? Vielleicht könnten sich die Kinder etwas Spannendes ausdenken, was er unterwegs erlebt. Auf eine Seite des Körpers schreiben sie, was der Elefant mitnimmt, und auf die andere Seite, was er im Urlaub gemacht hat. Sie bekleben das Tier-Buch mit buntem Papier und anderen Verzierungen.

Lange, schmale Tiere

1. Schneiden Sie ein DIN-A4-Blatt oder ein DIN-A3-Blatt der Länge nach in zwei Hälften. Falten Sie einen Streifen in acht gleich große Rechtecke. Dann entfalten Sie ihn.

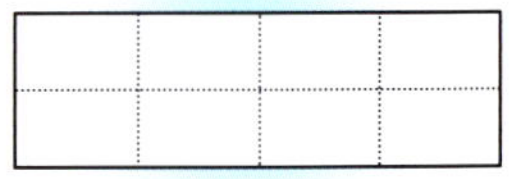

2. Falten Sie den Streifen in der Breite auf die Hälfte. Vom Falz aus schneiden Sie entlang der horizontalen Mittellinie bis zur Mitte.

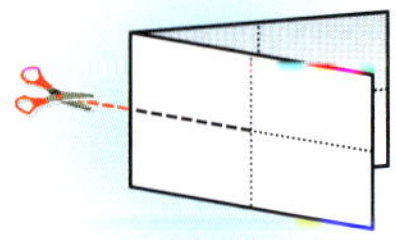

3. Falten Sie das Blatt auseinander und knicken Sie es der Länge nach auf die Hälfte. Schneiden Sie den Umriss eines Tieres aus. Wir haben uns hier für ein Krokodil entschieden.

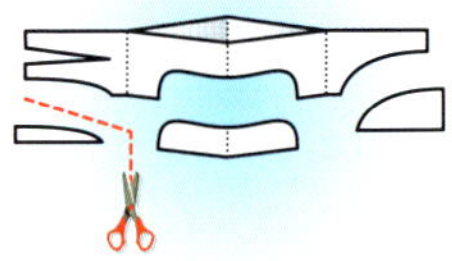

4. Schieben Sie die rechte und die linke Seite gegeneinander, so dass das Krokodil stehen bleibt (siehe Foto S. 29).

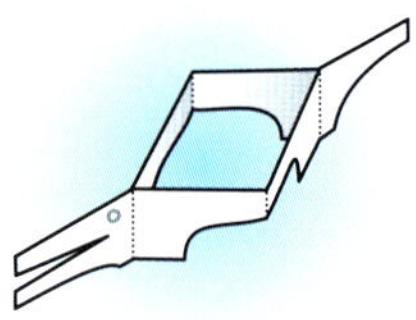

Themenvorschlag

Die Kinder geben dem Krokodil einen Namen und schreiben ihn auf den Körper. Den Rest des Tieres bemalen sie nach Belieben. Wenn Sie mehr Platz für Text brauchen, schneiden Sie die Beinrundung nicht aus, sondern zeichnen sie nur auf und lassen die Kinder in die Rundung schreiben, was ein hungriges Krokodil jeden Tag frisst.

Anstatt auf den Körper des Krokodils zu schreiben, schneiden die Kinder eine Sprechblase aus, beschreiben sie und kleben sie an den Mund des Tieres.

Dinosaurier

1. Knicken Sie ein DIN-A3-Blatt der Länge nach auf die Hälfte. Entfalten Sie das Blatt. Klappen Sie das Blatt der Breite nach auf die Hälfte. Falten Sie das Blatt auseinander.

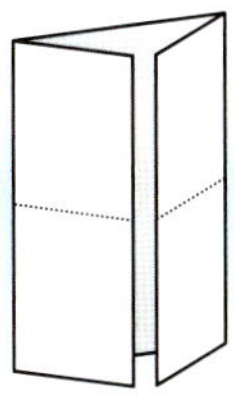

2. Richten Sie das Blatt im Hochformat aus. Falten Sie die Seitenränder in die Mitte und entfalten Sie das Blatt.

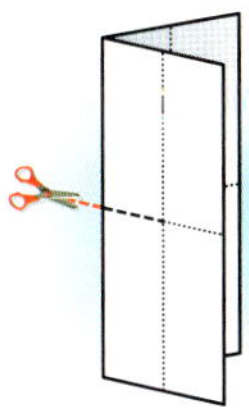

3. Knicken Sie das Blatt der Länge nach auf die Hälfte und schneiden Sie die horizontale Mittellinie ein, wie abgebildet.

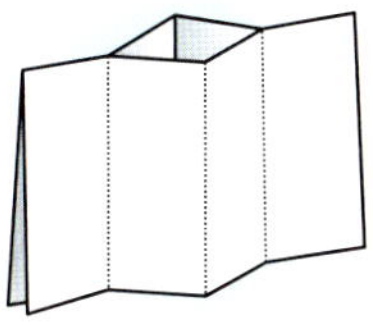

4. Falten Sie das Blatt auf und klappen Sie es der Breite nach auf die Hälfte. Schieben Sie die beiden Seiten in die Mitte.

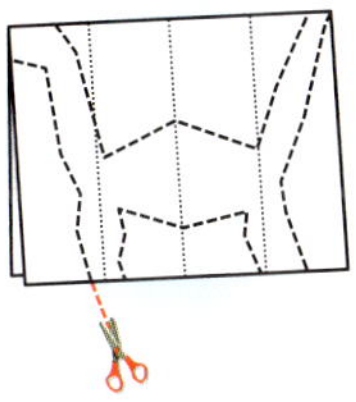

5. Legen Sie das gefaltete Blatt flach auf den Tisch und schneiden Sie einen Tierumriss aus. Kleben Sie Schwanzspitze und Kopfhälften jeweils aufeinander.

Krake

1. Falten Sie ein Leporello-Buch. Entfalten Sie das Blatt und richten Sie es in Querformat aus. Zeichnen Sie einen doppelten Umriss der Krake auf das Papier, falten Sie das Blatt der Länge nach auf die Hälfte und schneiden Sie entlang der Umrisslinie.

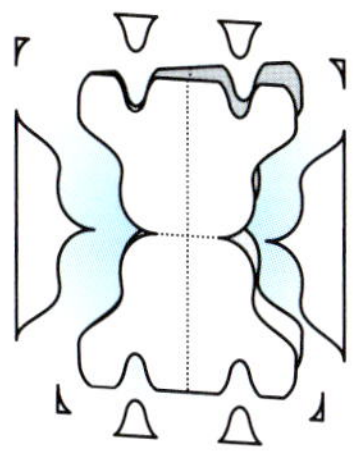

2. Falten Sie das Blatt wieder auf und knicken Sie es der Länge nach auf die Hälfte.

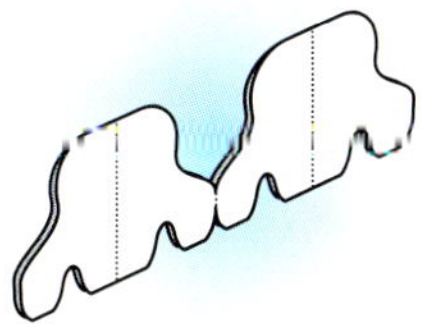

3. Zum Schluss schieben Sie die beiden Seiten bis zur Mitte gegeneinander.

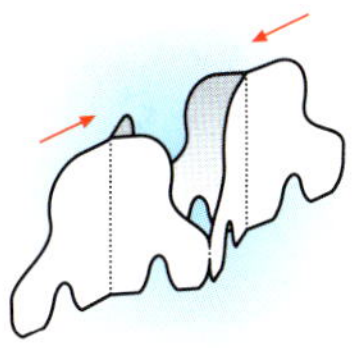

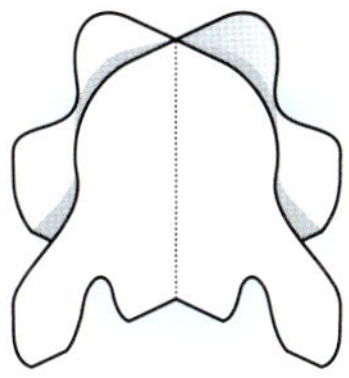

Themenvorschlag

Die Kinder schreiben auf den Körper der Krake, was sie über diese Tierart wissen, z.B. wie viele Tentakel die Krake hat, wo sie lebt und was sie frisst. Sie können die Tentakel mit unterschiedlich farbigem Papier bekleben. Lassen Sie die fertigen Kraken von der Decke hängen oder befestigen Sie sie an einer Wäscheleine, die Sie im Klassenzimmer aufspannen.

Stellen Sie die fertigen Bücher vor einem Hintergrund aus Papierbäumen oder einer Wasserlandschaft aus.

10 Einsteckmappen

Zu manchen Kinderbüchern gehören bewegliche Teile wie Briefe in Briefumschlägen, Postkarten, Puzzles und Spiele. Bei diesem Buchprojekt arbeiten die Kinder mit unterschiedlichen Textsorten als bewegliche Teile in einer Einsteckmappe.

Die Grundform

1. Klappen Sie die seitlichen Kanten eines DIN-A4-Blattes im Querformat auf die Mitte. Entfalten Sie das Blatt.

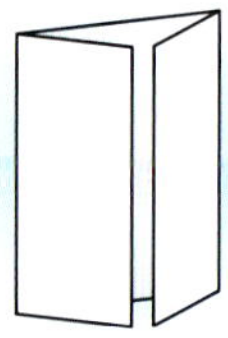

2. Klappen Sie das Blatt der Länge nach auf die Hälfte. Heften Sie die Seitenränder aufeinander. Dabei ist der Falz unten.

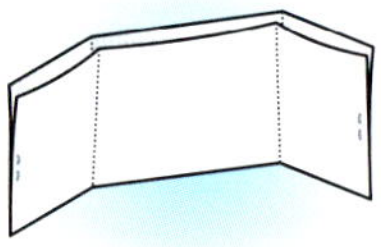

3. Falten Sie die Seitenkanten wieder auf die Mitte. Dies ist die Grundform der Einsteckmappe.

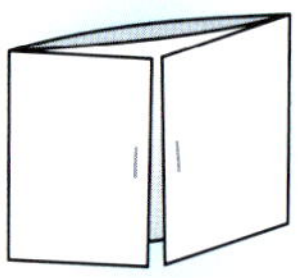

4. Schneiden Sie Grußkarten, Briefe, Plakate usw. aus Papier zu. Sie werden in die Taschen der Mappe gesteckt.

Themenvorschlag

Geben Sie einem Teddy oder einem anderen Stofftier einen Namen und erzählen Sie der Klasse, dass er oder sie eine Zeit lang zur Schule kommen wird. Bauen Sie eine Beziehung zu dem Tier auf, z.B. Ali der Affe ist krank. Wir schicken ihm eine Karte mit Genesungswünschen. Ali ist verschwunden und wir müssen ein Plakat mit dem Titel „Wo ist Ali?" malen und schreiben. Die Karte, das Plakat, Briefe und andere Sachen kommen in die Taschen der Mappe.

Einsteckmappe mit zwei Taschen

1. Klappen Sie ein Blatt Papier der Breite nach auf die Hälfte. Falten Sie das Blatt auseinander. Knicken Sie das Blatt der Länge nach. Dabei stößt die Unterkante nicht ganz bis an die Oberkante. Der Falz liegt unten. Auf diese Weise bekommen Sie eine Tasche.

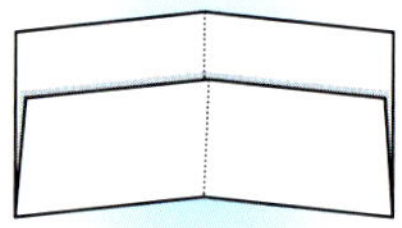

2. Falten Sie den Falz nach oben um, so dass eine weitere Tasche entsteht. Heften Sie die seitlichen Ränder fest.

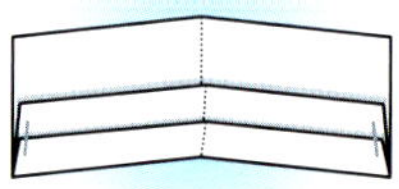

3. Schneiden Sie Sachen aus, die in den Taschen aufbewahrt werden.

Heften Sie die Taschen nicht zu dicht an die Seitenränder. Die Mappe könnte sonst aufreißen.

Themenvorschläge

Lassen Sie die Kinder ein Fotoalbum mit Bildern ihrer Familie basteln. Sie können ihre Familienmitglieder aufmalen, die Bilder beschriften und in die Einsteckmappe mit zwei Taschen stecken.

Die Kinder malen und beschriften Kleidungsstücke für Sommer und Winter und schneiden sie aus. Die Sommerkleidung kommt in die Taschen auf der linken Seite, die Winterkleidung in die Taschen auf der rechten Seite.

Die Kinder wählen zwei Farben aus, die sie besonders mögen. Beide Taschen malen sie in den ausgewählten Farben an. Auf kleine Zettel schreiben sie, warum ihnen die Farben gefallen. Die Zettel werden in die passenden Taschen gesteckt.

Taschen in Kuvertform

1. Falten Sie ein Blatt Papier der Breite nach auf die Hälfte. Entfalten Sie das Blatt. Klappen Sie nun die Seitenränder auf die Mitte. Auf diese Weise entstehen die Felder, die später die Taschen bilden.

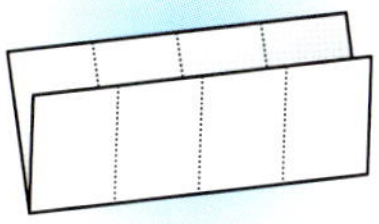

2. Falten Sie das Blatt der Länge nach. Dabei stößt die Unterkante nicht ganz bis an die Oberkante. Der Falz liegt unten. Falten Sie nun den oben überstehenden Streifen nach unten. Daraus werden die Klappen über den Taschen. Falten Sie das Blatt auf. Schneiden Sie die Ecken der vier Klappen schräg ab und heften Sie die Seitenränder aufeinander.

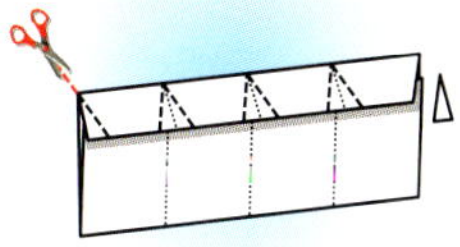

3. Beschriften Sie die einzelnen Taschen.

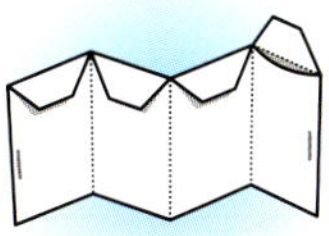

Origami-Mappe

1. Falten Sie ein Leporello-Buch aus einem DIN-A3-Blatt, entfalten Sie das Blatt und richten Sie es im Querformat aus. Knicken Sie Ober- und Unterkante auf die Mitte.

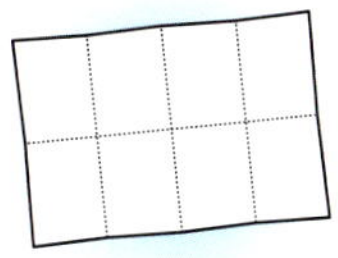

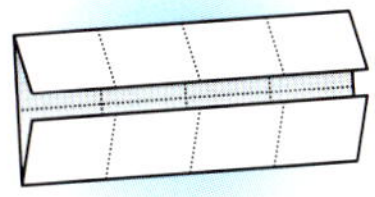

2. Drehen Sie das Papier um und falten Sie die Ecken am oberen Falz nach vorn. Sie bilden später die Taschen.

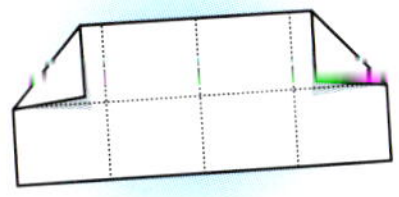

3. Falten Sie den rechten und linken Seitenrand in die Mitte.

4. Falten Sie die mit „x" gekennzeichneten Ecken nach oben.

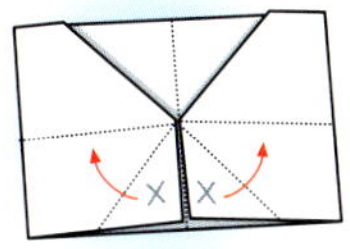

5. Falten Sie das Papier der Länge nach auf die Hälfte und schieben Sie die mit „x" gekennzeichneten Ecken in die Taschen, die Sie in Schritt 2 gefaltet haben.

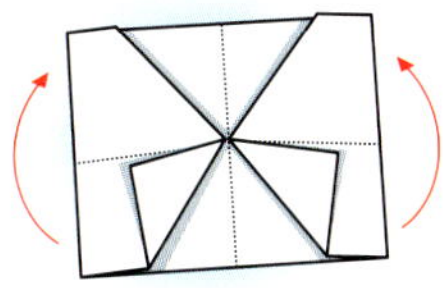

6. Zum Schluss falten Sie das Buch der Breite nach auf die Hälfte und die Origami-Mappe ist fertig.

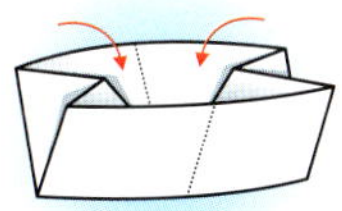

Themenvorschlag

Geben Sie das Thema „Was ich heute erledigen muss" vor. Auf Zetteln notieren die Kinder Aufgaben wie Lesen oder Rechnen und stecken sie in die Taschen ihrer Einsteckmappen.

Fertigen Sie eine große Einsteckmappe an, in der Arbeiten aller Kinder der Klasse gesammelt werden.

Themenvorschlag

Überlegen Sie mit den Kindern, was in der Mappe verstaut werden könnte. Sie könnten z.B. einen Busfahrschein, Sammelbilder und -sticker oder einen Geschenkgutschein hineinlegen oder Geld aus Papier ausschneiden und in die Mappe stecken. Lassen Sie die Kinder weitere Ideen für ihre eigene Mappe sammeln.

11 Faltkarten

Grußkarten sind leicht zu basteln und durch ihren persönlichen Wert etwas Besonderes. Karten bilden außerdem eine gute Grundlage für die Entwicklung der Schreibfähigkeit auf der Satzebene.

Die Grundform

1. Falten Sie ein DIN-A4-Blatt zunächst in der Breite, dann in der Länge auf die Hälfte. Entfalten Sie das Blatt und richten Sie es im Hochformat aus. Schneiden Sie eine halbrunde Tür in das rechte untere Feld. Knicken Sie die Tür um, glätten Sie den Falz und „schließen" Sie die Tür wieder.

2. Für die fertige Karte falten Sie das Blatt erst der Breite nach und dann der Länge nach auf die Hälfte.

Themenvorschläge

Die Kinder schreiben eine Überschrift auf die linke Innenseite, z.B. „Wer (oder was) ist hinter der Tür?" Sie malen die Antwort auf die Frage in die Türöffnung und schreiben sie auf die Innenseite des Türblattes.

Die Kinder überlegen, wie man die Außenseite einer solchen Karte gestalten könnte und schreiben den Titel „Eine Überraschung" darauf.

Karte mit Weltraumrakete

1. Folgen Sie der Anleitung zu Schritt 1 für die Faltkarte. Schneiden Sie statt der Tür eine Rakete oder einen Baum in das rechte untere Feld. Achten Sie darauf, dass Sie den Umriss nicht vollständig ausschneiden.

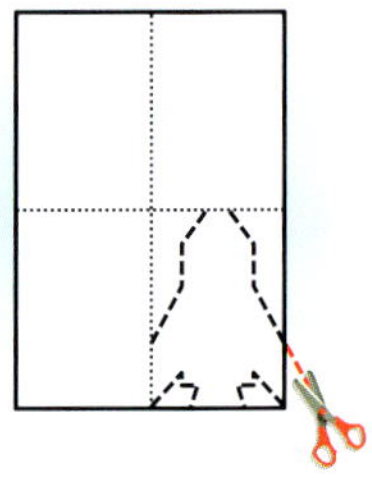

2. Für die fertige Karte falten Sie das Blatt erst der Breite nach und dann der Länge nach auf die Hälfte.

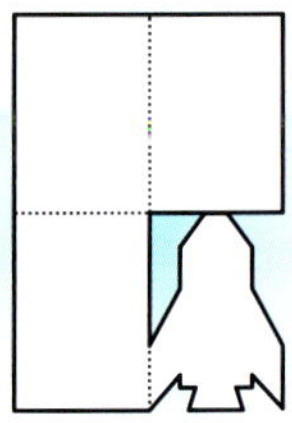

Themenvorschläge

Die Kinder können die Rakete vor einem Weltraumhintergrund mit Planeten, Meteoriten, Sternen usw. malen. Lassen Sie sie aufschreiben, was sie auf einer Weltraummission zusammen mit einem Freund machen würden.

Stellen Sie der Klasse das Thema „Baumhaus". Lassen Sie die Kinder die Karte bemalen und auf der linken Innenseite einen Satz schreiben, den sie ergänzen sollen, z.B. „In meinem Baumhaus lebt/gibt es ..."

Experimentieren Sie mit farbigem oder auch mit festerem Papier.

Pop-up-Tierkarte

1. Knicken Sie ein DIN-A4-Blatt der Breite nach auf die Hälfte. Klappen Sie das Blatt auf. Falten Sie es dann der Länge nach auf die Hälfte. Schneiden Sie im unteren Segment einen Viertelkreis ein.

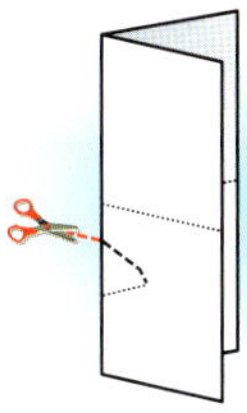

2. Falten Sie den Viertelkreis schräg nach vorn und wieder zurück.

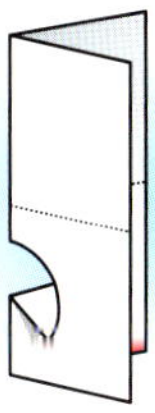

3. Entfalten Sie das Blatt. Knicken Sie es einmal der Breite nach auf die Hälfte und dann noch einmal. Schließen Sie die Karte. Das Pop-up-Element öffnet sich, wenn die Karte geöffnet wird.

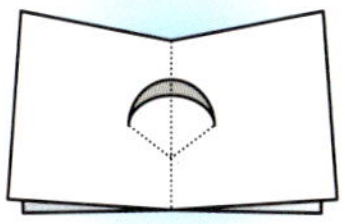

Themenvorschläge

Geben Sie Ihrer Klasse ein Tierthema vor, z.B. „Der Regenwald“. Die Kinder könnten auf die Vorderseite der Karte schreiben: „Im Regenwald gibt es …“ Auf den Innenseiten malen sie ein Tier aus dem Regenwald auf das Pop-up-Element und bemalen den Hintergrund mit Bäumen und Pflanzen. Der Name des Tieres kommt unter das Pop-up-Element.

Bleiben Sie beim Thema „Tiere“ und lassen Sie die Klasse ein Plakat gestalten, auf dem sie nach einer vermissten Katze suchen. Wie hoch ist die Belohnung? Wie sieht die Katze aus? Wie alt ist sie?

Die Kinder malen ihr Lieblingstier oder ihre Lieblingspflanze auf das Pop-up-Element. Wie viele Tier- oder Pflanzennamen fallen ihnen ein, die mit demselben Buchstaben beginnen wie der ihres Lieblingstieres oder ihrer Lieblingspflanze?

Kastenteufel

1. Knicken Sie ein DIN-A4-Blatt der Breite nach auf die Hälfte. Falten Sie das Blatt auf und klappen Sie es der Länge nach auf die Hälfte. Zeichnen Sie eine halbe Figur in das untere Feld. Schneiden Sie den Umriss eines Kopfes mit Schultern aus und machen Sie einen Schlitz wie in der Abbildung gezeigt.

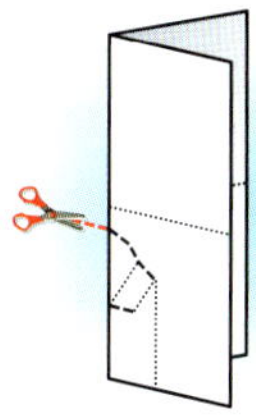

2. Knicken Sie Kopf und Schultern vor und zurück, um eine Falte entstehen zu lassen.

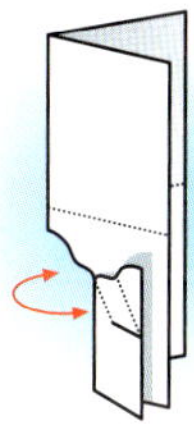

3. Knicken Sie den „Hals“ der Figur vor und zurück, um einen Falte entstehen zu lassen. Mit der „Schulter“ verfahren Sie ebenso.

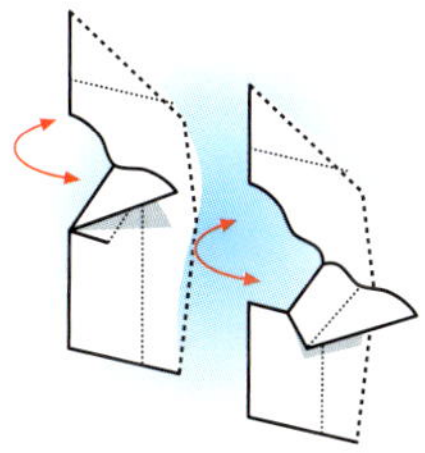

4. Entfalten Sie das Blatt. Knicken Sie es zunächst der Breite nach und dann der Länge nach auf die Hälfte. Dabei schieben Sie das Pop-up-Element nach vorn.

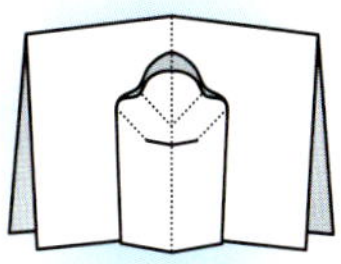

5. Falten Sie die Schulterfalte der Breite nach und die Halsfalte der Länge nach. Der Kastenteufel erscheint und verschwindet beim Öffnen und Schließen der Karte.

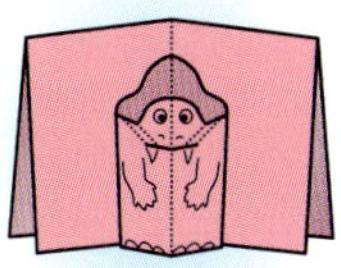

12 Überraschungskarten

Grußkarten mit Pop-up-Elementen und miteinander verschränkten Segmenten erscheinen zum ersten Mal in den 1950er Jahren. Sie sind recht einfach herzustellen, denn man braucht keinen Klebstoff.

Die Grundform

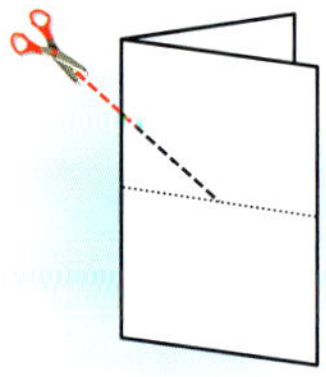

1. Falten Sie ein DIN-A4-Blatt der Länge nach auf die Hälfte. Falten Sie es der Breite nach auf die Hälfte und machen Sie vom vertikalen Mittelfalz aus einen Einschnitt (etwa 45°) zur horizontalen Mittellinie. Achten Sie darauf, dass Sie nicht weiter als bis zur Hälfte des Feldes schneiden.

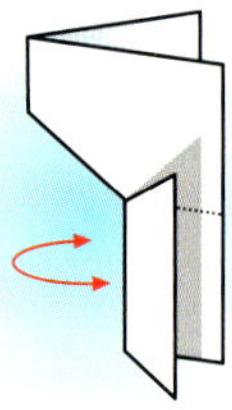

2. Knicken Sie das eingeschnittene Segment vor und zurück.

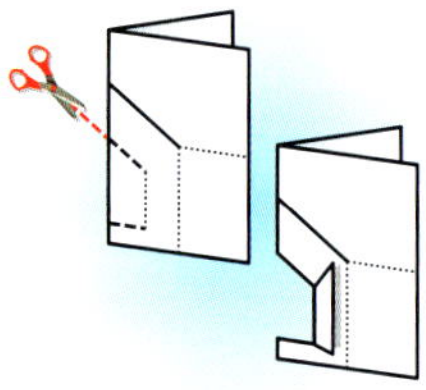

3. Schneiden Sie Ober- und Unterkante des Bühnenrahmens ein. Falten Sie dieses Segment vor und zurück.

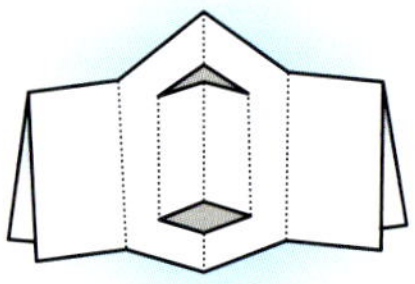

4. Entfalten Sie das Blatt. Knicken Sie es erst der Länge nach und dann der Breite nach auf die Hälfte, um die Karte zu schließen und Bühne und Rahmen nach vorn zu schieben.

5. Falten Sie das Segment in der Mitte nach innen.

Themenvorschlag

In das Bühnensegment malen die Kinder den Empfänger einer Geburtstagskarte oder eine Szene ihres Lieblingsfilms und verzieren dann den Rahmen.

Abgewinkelte Theaterkarte

1. Falten Sie ein Leporello-Buch. Entfalten Sie das Blatt und knicken Sie es der Breite nach auf die Hälfte.

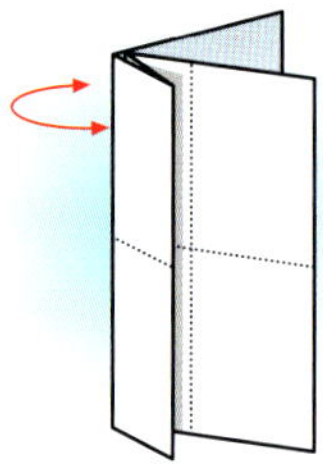

2. Falten Sie den Falz auf die vertikale Mittellinie. Knicken Sie den neu entstandenen Falz vor und zurück.

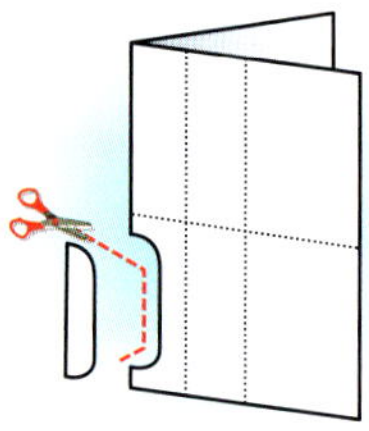

3. Entfalten Sie das Blatt und klappen Sie es der Breite nach auf die Hälfte. Schneiden Sie ein Fenster aus dem unteren Feld.

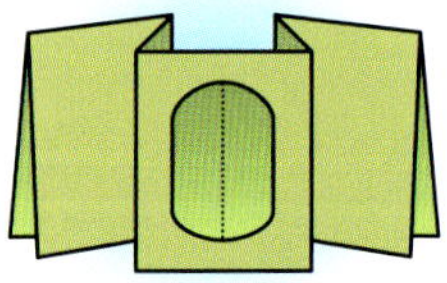

4. Falten Sie das Blatt erneut auseinander und klappen Sie es der Länge nach auf die Hälfte. Streichen Sie die Falze sorgfältig glatt, damit das Fenstersegment vorsteht.

Themenvorschlag

Wählen Sie eine Szene aus einem Buch aus, das Sie gerade mit der Klasse lesen. Die Kinder zeichnen die Szene in das Fenster und schreiben eine Bildunterschrift dazu.

Verschränkte Theaterkarte

Da dieses Theater sorgfältig zugeschnitten und zusammengesetzt werden muss, sollten Sie es für die Kinder anfertigen.

1. Falten Sie ein DIN-A4-Blatt der Länge nach auf die Hälfte. Knicken Sie das Blatt der Breite nach auf die Hälfte. Dann falten Sie es in drei gleich große vertikale Segmente und streichen das Blatt glatt.

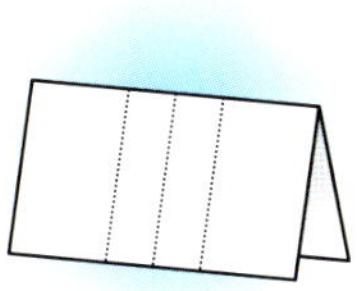

2. Falten Sie den linken Seitenrand auf den linken Falz und schneiden Sie ein Fenster mit abgerundeten Ecken ein. Wiederholen Sie dies mit dem rechten Seitenrand.

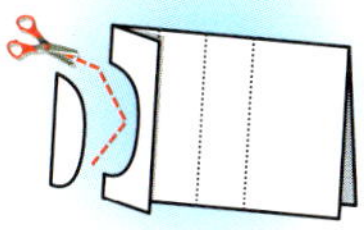

3. Machen Sie Einschnitte in den seitlichen Feldern und zwar mittig einmal außen und einmal innen über den Fenstern.

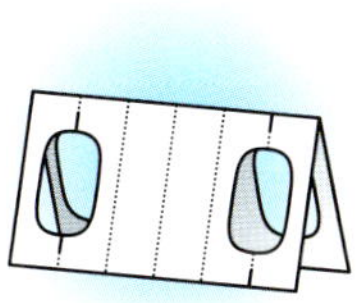

4. Zum Schluss schieben Sie die Einschnitte übereinander und stellen das Theater auf wie in der Abbildung gezeigt.

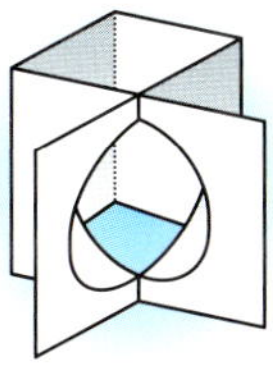

Themenvorschlag

In das Theaterfenster malen die Kinder eine festliche Szene und schreiben eine Einladung zum Fest auf den äußeren Rand. Sie können den Rand mit passenden Motiven wie Ballons, Geschenken oder Kerzen verzieren.

Der visuelle Effekt wird verstärkt, wenn Sie die Theater aus schwarzem Papier herstellen und sie mit eingeklebten Figuren gestalten.

Theater zum Aufstellen

Auch diese Theater sind recht kompliziert zu falten und schneiden, so dass Sie sie anfertigen sollten.

1. Knicken Sie ein DIN-A5-Blatt der Breite nach auf die Hälfte. Falten Sie mit Hilfe eines Lineals einen 1 cm breiten Rand an die offenen seitlichen Kanten. Streichen Sie den Falz glatt. Diese Ränder sind die Klebelaschen.

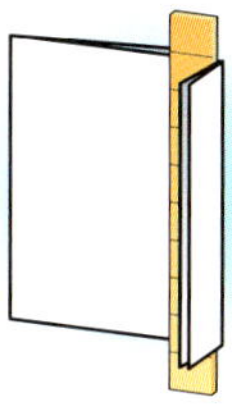

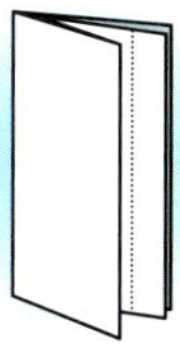

2. Falten Sie den linken Falz auf den Falz, den Sie in Schritt 1 gemacht haben.

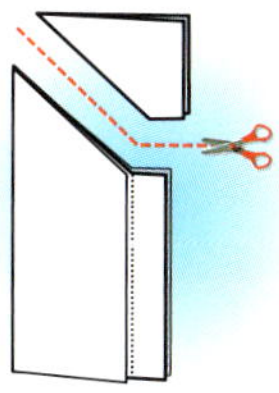

3. Schneiden Sie die Oberkante schräg ab. Falten Sie das Blatt auf.

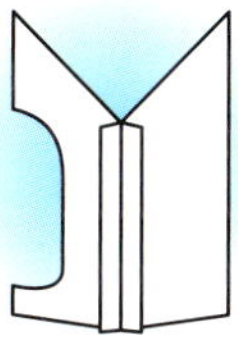

4. Falten Sie das Blatt so, dass die beiden Klebelaschen in der Mitte sind. Schneiden Sie auf einer Seite ein Fenster aus. Kleben Sie die Klebelaschen aufeinander.

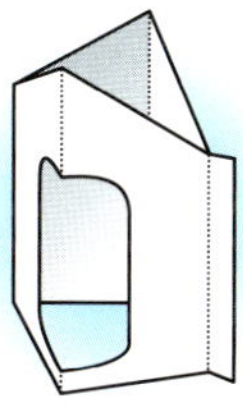

5. Falten, schneiden und kleben Sie das nächste Theater in derselben Weise und kleben Sie es an die Laschen des ersten Theaters.

Themenvorschläge

Kleben Sie die Theater aller Kinder aneinander und schauen Sie sich die unterschiedlichen Gestaltungsideen an.

Die Kinder malen einen Garten oder eine einzelne Blume in die Fensteröffnung und ergänzen den Satzanfang „Im Frühling …“ auf dem Rand.

13 Theater-Bücher

Stellen Sie mit Hilfe von ausgeschnittenen Figuren eine Szene aus einer traditionellen Geschichte dar. Theater-Bücher eignen sich auch gut für die Wiedergabe einer bekannten Geschichte in Dialogform. Da bei der Herstellung der Theater-Bücher durch mehrere Lagen Papier geschnitten werden muss, sollten Sie sie für die Kinder anfertigen.

Die Grundform

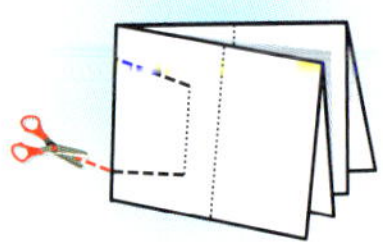

1. Machen Sie ein Leporello-Buch aus einem DIN-A3-Blatt. Falten Sie das Blatt auf. Dann falten Sie es erst der Länge nach, dann der Breite nach auf die Hälfte. Schneiden Sie Ober- und Unterkante einer Tür in den linken Falz.

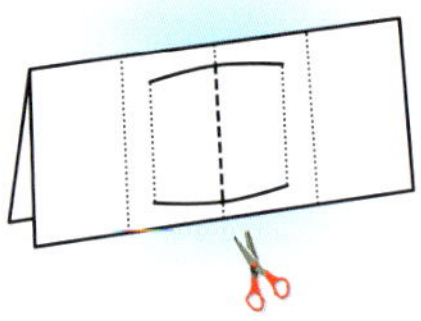

2. Falten Sie das Türsegment vor und zurück. Falten Sie das Papier der Länge nach auf und durchtrennen Sie die Mittellinie der Tür, so dass zwei Türflügel entstehen.

3. Schieben Sie die seitlichen Segmente hinter der Tür ineinander, so dass ein gleichseitiges Dreieck entsteht.

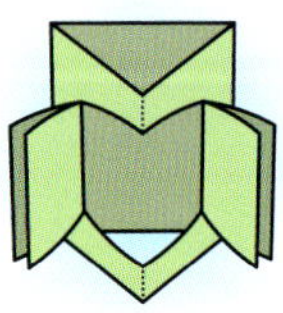

4. Falten Sie die Türflügel auf.

Themenvorschlag

Lösen Sie die seitlichen Segmente voneinander und legen Sie das Theater flach auf den Tisch, so dass die Türen zu Seiten werden, auf denen man schreiben kann. Falls nötig bereiten Sie den Hintergrund vor, bevor Sie die Theater an die Kinder weitergeben. Lesen Sie der Klasse eine Geschichte vor, die die Kinder hierauf wiedergeben.

Theater mit Klappen

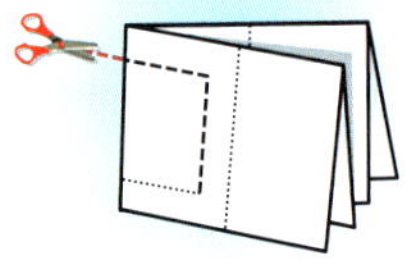

1. Falten Sie ein Leporello-Buch aus einem DIN-A3-Blatt. Entfalten Sie das Blatt. Dann knicken Sie es erst der Länge nach, dann der Breite nach auf die Hälfte. Schneiden Sie einen rechten Winkel in den linken Falz.

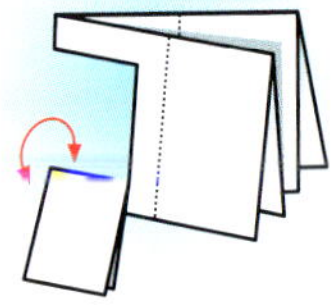

2. Falten Sie die so entstandene Klappe vor und zurück.

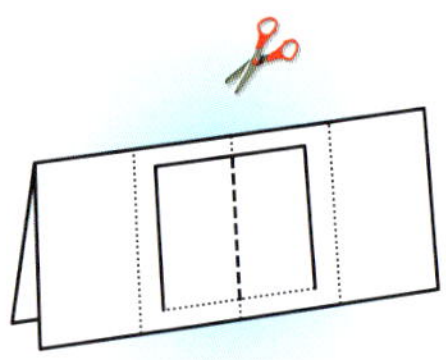

3. Falten Sie das Blatt auf DIN-A4-Format. Durchtrennen Sie die Mittellinie der Klappe, so dass zwei Klappen entstehen.

4. Stecken Sie das Papier zu einem Theater zusammen und falten Sie zum Schluss die Klappen herunter. Schreiben und malen Sie wie bei der Grundform.

Themenvorschläge

Auf jeder der Klappen zeichnen die Kinder eine Figur aus bekannten Geschichten und beschriften die Bilder. Sie malen den entsprechenden Hintergrund in die Öffnung.

Lassen Sie die Klasse in Dialogform eine Geschichte über ein Abenteuer schreiben, das sie mit einem Freund erlebt haben.

Die Kinder illustrieren und schreiben eine traditionelle Geschichte wie „Der Lebkuchenmann“. Sie malen den Lebkuchenmann in die Öffnung und verwenden die Klappen für Tagebucheinträge: „Am Montag rannte ich ...“

Versuchen Sie, die Theater aus Geschenk- oder Krepppapier zu basteln.

Theater mit spitzwinkligen Segmenten

1. Basteln Sie aus einem DIN-A3-Blatt ein Leporello-Buch und entfalten Sie das Blatt. Knicken Sie es der Breite nach auf die Hälfte und machen Sie zwei Einschnitte.

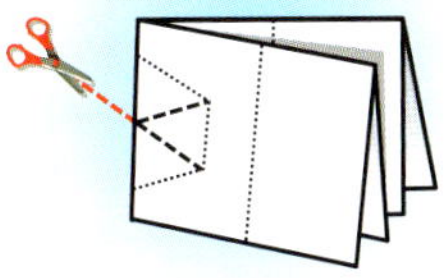

2. Klappen Sie das Blatt auf und durchtrennen Sie die Mittellinie der Klappen.

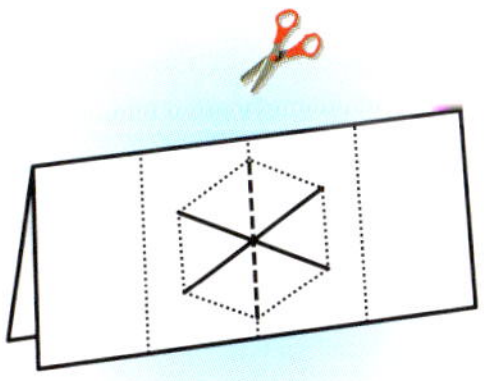

3. Falten Sie das Papier zu einem Theater und falten Sie die Klappen auf.

Themenvorschläge

Lösen Sie die seitlichen Segmente voneinander und legen Sie das Theater flach auf den Tisch, so dass die Klappen zu Seiten werden, auf denen man schreiben kann. Falls nötig bereiten Sie den Hintergrund vor, bevor Sie die Theater an die Kinder weitergeben.

Die Klasse malt ein Überraschungstheater. Öffnen Sie die spitz zulaufenden Klappen und lassen Sie die Überraschung darunter zum Vorschein kommen, z.B. einen Blumenstrauß zum Muttertag.

Lassen Sie die Kinder den Eispalast der Schneekönigin nach der Geschichte von Andersen in die Öffnung malen. Die spitz zulaufenden Klappen könnten Eiszapfen darstellen. Auf der Rückseite schreiben die Kinder auf, was sie von der Schneekönigin erfahren haben.

Modelltheater

1. Halbieren Sie ein DIN-A3-Blatt der Länge nach. Knicken Sie einen 1 cm breiten Rand an der Schmalkante eines der Streifen um. Das ist die Klebelasche.

2. Falten Sie den rechten Seitenrand auf den linken Falz. Falten Sie den Falz und den rechten Seitenrand in die Mitte. Klappen Sie das Blatt auf. Sie haben nun drei Falze.

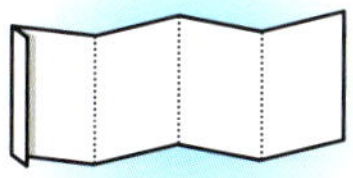

3. Falten Sie den äußersten linken Falz auf den Falz rechts daneben. Den neu entstandenen Falz falten Sie ebenfalls darauf. Sie haben nun das äußerste linke Feld in vier gleich breite Streifen unterteilt. Wiederholen Sie Schritt 3 mit dem 3. Feld von links.

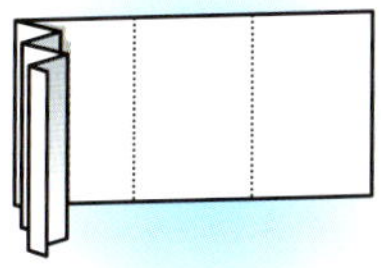

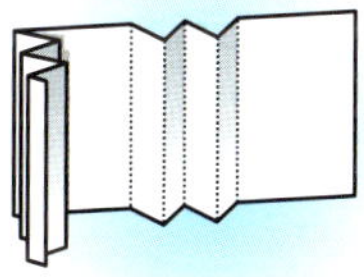

4. Klappen Sie das 2. Feld der Länge nach auf die Hälfte und schneiden Sie ein Fenster aus. Entfalten Sie das Blatt.

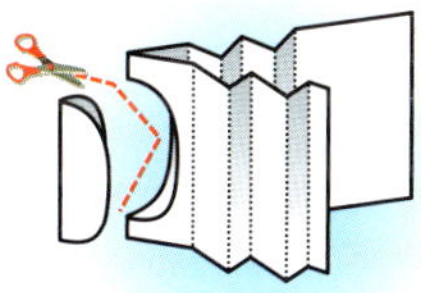

5. Kleben Sie den rechten Seitenrand auf die linke Klebelasche und falten Sie die seitlichen Falze in Ziehharmonikaform.

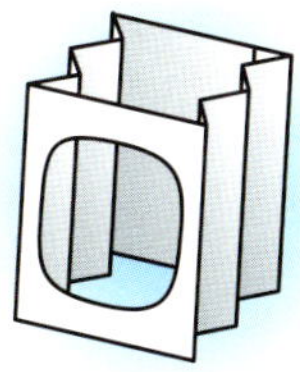

6. Schneiden Sie ein Stück Papier zu, das separat bemalt und später in den Hintergrund geklebt wird.

14 Pop-up-Theater

Pop-up-Bücher üben große Faszination auf Kinder aus und motivieren so für Schreibprojekte. Diese 90°-Theater lassen sich leicht anfertigen und können zu einem größeren Pop-up-Buch zusammengefügt werden.

Die Grundform

1. Halbieren Sie ein DIN-A4-Blatt der Länge nach auf die Hälfte. Nehmen Sie einen dieser Streifen in Hochformat und knicken Sie am oberen Ende einen Rand um. Das ist die Klebelasche.

2. Falten Sie den oberen Falz auf die Unterkante des Streifens.

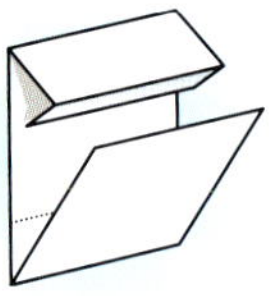

3. Falten Sie den oberen Falz erneut nach unten, diesmal jedoch nur um 2 cm. Falten Sie die Unterkante auf den oberen Falz. Falten Sie das Blatt auf.

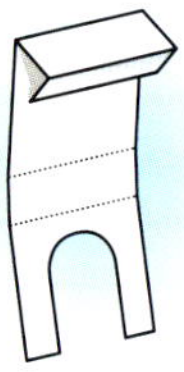

4. Schneiden Sie eine Bühnenöffnung aus.

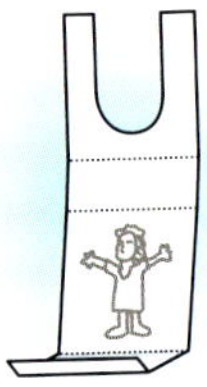

5. Drehen Sie das Papier so, dass die Bühnenöffnung nach oben zeigt. Malen Sie den Hintergrund.

6. Falten Sie die Bühnenöffnung nach unten und kleben Sie sie an die Klebelasche.

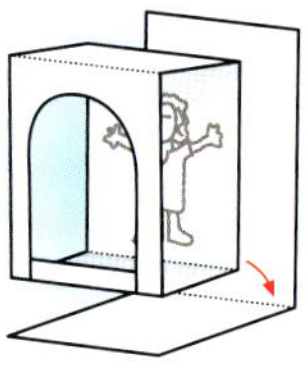

7. Falten Sie den zweiten Streifen auf die Hälfte, so dass er Rücken und Unterseite des Theaters bildet. Kleben Sie das Theater fest.

Auto, Geschäft oder Haus

1. Führen Sie die Schritte 1–4 der Grundform aus. Schneiden Sie den Umriss eines Hauses, eines Geschäfts oder eines Autos in das untere Feld.

2. Malen Sie den Hintergrund wie in Schritt 5 beschrieben und führen dann Schritt 6 aus, um das Theater fertigzustellen.

3. Legen Sie das Theater flach auf den Tisch und malen Auto, Geschäft oder Haus detailliert auf, bevor Sie es auf den Untergrund kleben.

Themenvorschläge

Die Kinder malen das Auto an und berichten dann als Ich-Erzähler, wohin der Fahrer unterwegs ist. Sie könnten sich etwas ganz Besonderes ausdenken.

„Was gibt es in meinem Geschäft zu kaufen?" Lassen Sie die Kinder ein Geschäft malen und im Vordergrund die Sachen auflisten, die es dort zu kaufen gibt.

Die Kinder malen „Mein Haus" in das Theater und beschreiben im Vordergrund, wer dort lebt. Haustiere nicht vergessen!

Kleben Sie das Theater erst auf, wenn alle Malarbeiten beendet sind.

Theater mit Figur

1. Falten, schneiden und kleben Sie die Grundform des Pop-up-Theaters. Kleben Sie es nicht auf einen separaten Untergrund. Machen Sie auf der Rückseite zwei parallele Einschnitte wie in der Abbildung gezeigt.

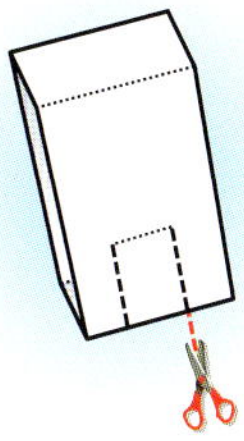

2. Knicken Sie das eingeschnittene Segment vor und zurück.

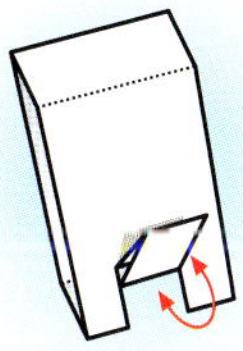

3. Ziehen Sie den Pop-up-Würfel nach vorn ins Innere des Theaters.

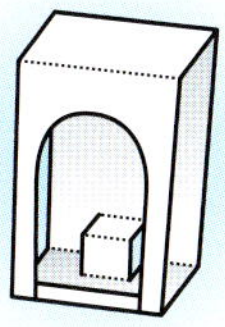

4. Kleben Sie eine Papierfigur an den Pop-up-Würfel. Dann stellen Sie das Theater, wie bei der Grundform beschrieben, fertig.

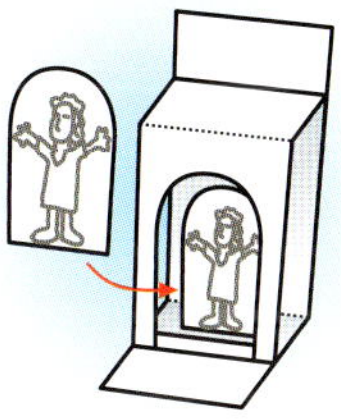

Themenvorschläge

Die Kinder malen eine Person, die sie bewundern und einen passenden Hintergrund, z.B. einen olympischen Läufer und ein Stadion. Dann schreiben sie einen Tagebucheintrag für diese Person.

Die Kinder schneiden eine Däumling-Figur aus und beschreiben, welche Vor- und Nachteile es hat, sehr klein zu sein.

Schneiden Sie die Bühnenöffnung nicht zu nah am seitlichen Rand, da das Pop-up-Theater sonst zu instabil wird und umklappen würde.

Pop-up-Theater-Buch

Fertigen Sie drei Pop-up-Theater wie bei der Grundform beschrieben an. Kleben Sie diese aneinander und falten Sie einen Untergrund für die Pop-up-Theater.

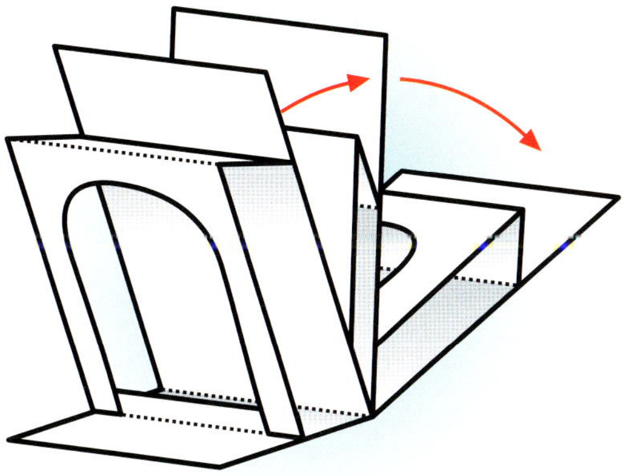

Themenvorschlag

Zeichnen Sie die Geschichte von Hans und der Zauberbohne auf den Hintergrund der drei Theater. Schneiden Sie zuvor Figuren aus, wie Sie es für „Theater mit Figur" getan haben. Die Abfolge der Theaterszenen könnte folgendermaßen aussehen:

1. Hans klettert die Bohnenranke empor.
2. Hans geht ins Schloss und sieht den Riesen.
3. Hans klettert mit dem Gold in der Tasche wieder hinunter.

Die Kinder beschreiben im Vordergrund, was sich in den einzelnen Szenen ereignet.
Diskussionsanregungen:

1. Wie beginnt die Geschichte?
2. Was passiert, als Hans die Spitze der Bohnenranke erreicht hat?
3. Was passiert am Ende der Geschichte?

Gestalten Sie ein Pop-up-Theater zusammen mit der ganzen Klasse. Stellen Sie eine Geschichte, die Sie im Unterricht gelesen haben, in 10–12 Pop-up-Theatern dar.

15 Pop-ups als Hintergrund

Diese Art von Pop-up-Elementen kommt häufig in Kinderbüchern vor, so dass es Ihnen nicht schwerfallen dürfte, Beispiele zu finden. Einer der Vorteile dieser Anordnung liegt darin, dass fast die ganze Basis für Texte frei bleibt.

Themenvorschlag

Malen Sie auf die Pop-up-Rakete Gesichter, die aus den Fenstern herausschauen. Die Kinder listen auf der linken Seite der Basis auf, was der Astronaut auf seiner Reise ins All mitnimmt. Auf die rechte Seite schreiben sie einen Bericht des Astronauten über den Start.

Die Grundform

1. Falten Sie ein DIN-A4-Blatt der Breite nach auf die Hälfte. Das ist die Basis. Legen Sie sie vorerst beiseite.

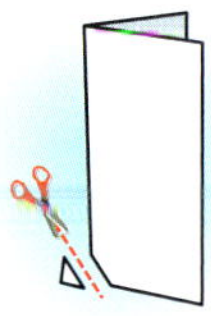

2. Falten Sie ein weiteres DIN-A4-Blatt der Breite nach auf die Hälfte und zerschneiden Sie es am Mittelfalz. Nehmen Sie einen der Streifen und knicken Sie ihn der Länge nach auf die Hälfte. Schneiden Sie am unteren Ende des Falzes ein kleines Dreieck ab.

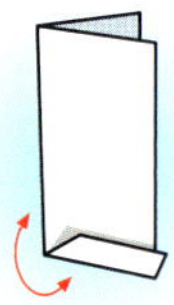

3. Falten Sie an der Spitze des Dreiecks einen Rand. Falten Sie den Rand – die Klebelasche – vor und zurück. Zeichnen Sie den Umriss einer Rakete auf und schneiden Sie sie aus.

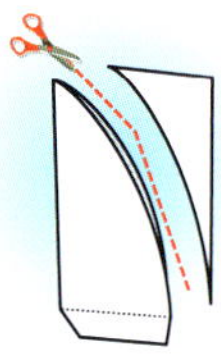

4. Streichen Sie Vor- und Rückseite der Klebelasche mit Klebstoff ein. Legen Sie die Klebelasche so an den Mittelfalz der Basis, dass die Schnittkante der Klebelasche in einer Linie mit dem Mittelfalz liegt. Fest andrücken!

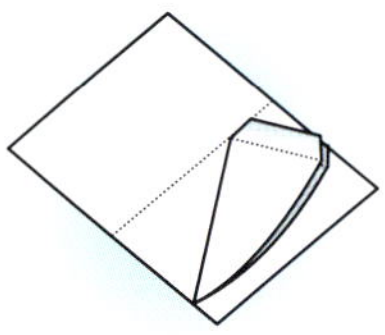

5. Lassen Sie den Kleber trocknen. Öffnen Sie die Basis.

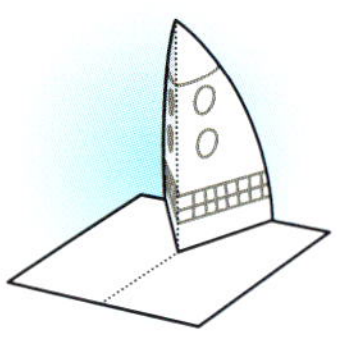

Die Klebelasche sollte beim Ankleben immer gerade sein, nicht rechtwinklig abgeknickt.

Palme mit einsamer Insel

1. Führen Sie die Schritte 1 bis 3 der Grundform der Hintergrund-Pop-ups durch. Zeichnen Sie den Umriss einer Palme und schneiden Sie ihn aus.

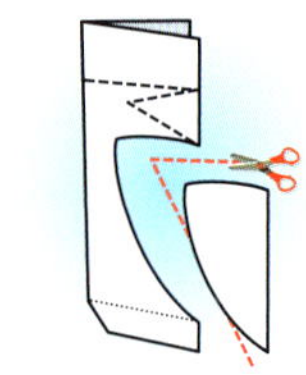

2. Führen Sie die Schritte 4 und 5 der Grundform der Hintergrund-Pop-ups durch.

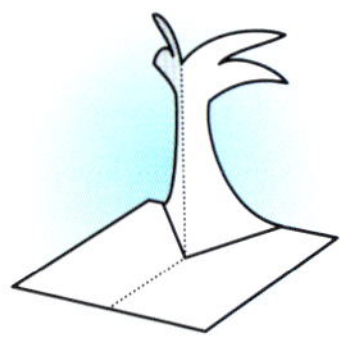

3. Nehmen Sie den übrig gebliebenen Papierstreifen und halbieren Sie ihn der Länge nach. Dann falten Sie diesen Streifen der Breite nach auf die Hälfte. Schneiden Sie am unteren Ende des Falzes ein kleines Dreieck ab. Falten Sie an der Spitze des Dreiecks einen Rand um. Falten Sie die Klebelasche vor und zurück.

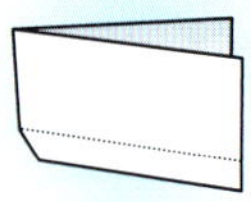

4. Zeichnen Sie einen Strand auf und schneiden Sie die Umrisse aus.

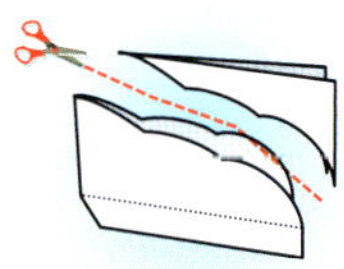

5. Streichen Sie Vor- und Rückseite der Klebelasche mit Klebstoff ein. Kleben Sie den Strandumriss so auf, dass sich sein Mittelfalz in einer Linie mit dem Mittelfalz der Basis befindet.

Themenvorschläge

Malen Sie Palme und Insel auf und kleben Sie die Pop-up-Elemente auf die Basis. Die Kinder beschreiben, wie sie versuchen würden, von einer einsamen Insel zu entkommen.

Gestalten Sie anstatt der Palme einen Leuchtturm und lassen Sie die Kinder von der Arbeit und dem Leben eines Leuchtturmwärters berichten.

Hintergrund mit Pop-up-Figuren

1. Falten und schneiden Sie ein weiteres Basis-Pop-up. Nehmen Sie ein anderes Papier von derselben Größe und halbieren es der Breite nach. Falten Sie eine der beiden Hälften der Breite nach auf die Hälfte. Schneiden Sie am unteren Ende des Falzes ein kleines Dreieck ab. Falten Sie an der Spitze des Dreiecks einen Rand. Falten Sie den Rand vor und zurück.

2. Zeichnen Sie ein Geschäft oder einen Park auf und schneiden Sie die Umrisse aus.

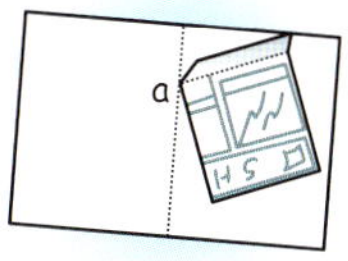

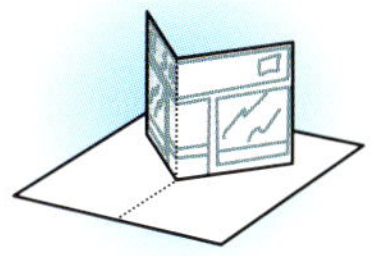

3. Streichen Sie Vor- und Rückseite der Klebelasche mit Klebstoff ein. Drücken Sie die Klebelaschen fest an die Basis. Achten Sie darauf, dass der mit „a" gekennzeichnete Punkt den Mittelfalz der Basis berührt. Achtung! Der Winkel dieses Pop-up-Elements ist viel weiter als bei Palme und Rakete (vgl. S. 40).

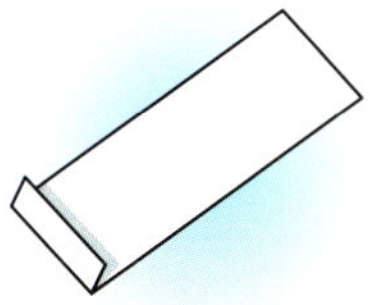

4. Lassen Sie den Kleber trocknen. Öffnen Sie die Basis. Für die Pop-up-Figuren nehmen Sie ein weiteres Stück Papier und schneiden einen schmalen Streifen von einer der Schmalseiten ab. Dann falten Sie eine Klebelasche um.

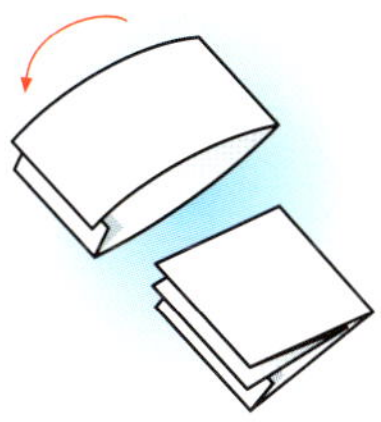

5. Kleben Sie die Klebelasche auf das andere Ende des Streifens, so dass ein Ring entsteht. Knicken Sie das Papier auf die Hälfte und falten es dann zu einem quadratischen Ring auf.

6. Kleben Sie den quadratischen Ring am Pop-up-Element und an der Basis fest.

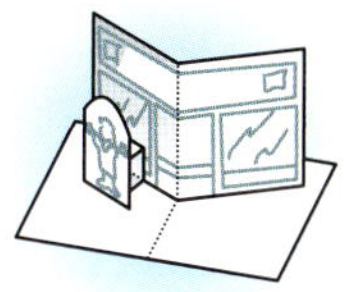

7. Schneiden Sie eine Figur aus und kleben Sie sie an den Ring. Schneiden Sie nach Bedarf weitere Figuren aus und kleben Sie sie auf dieselbe Weise fest.

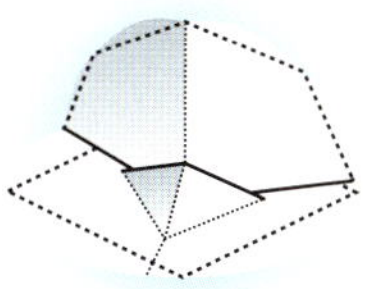

8. Manchmal neigen sich Pop-up-Elemente nach vorn. Um das zu verhindern, machen Sie kurz vor dem Pop-up-Element eine kleine Bergfalte in die Talfalte der Basis.

16 Turm-Pop-ups

Dies ist eine weitere beliebte Pop-up-Form, die man häufig in Kinderbüchern antrifft. Sie heißt „Turm", weil das Pop-up-Element wie ein Turm emporsteigt. Da es sich in der Mitte der Basis befindet, kann der Text ringsum angeordnet werden.

Die Grundform

1. Für die Basis falten Sie ein DIN-A4-Blatt der Breite nach auf die Hälfte. Halbieren Sie ein weiteres DIN-A4-Blatt der Länge nach. Nehmen Sie einen der beiden Streifen und falten Sie an der rechten Schmalseite eine Klebelasche um.

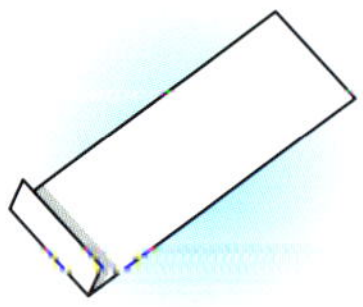

2. Falten Sie den linken Seitenrand auf die Klebelaschen und kleben Sie sie fest.

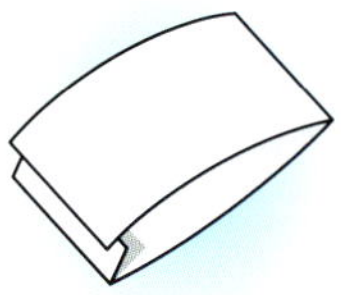

3. Messen Sie an der Unterkante des Papiers einen 1 cm breiten Streifen ab und schneiden Sie ihn so ab, dass in der Mitte eine Klebelasche stehen bleibt. Knicken Sie sie vor und zurück. Bevor Sie zu Schritt 4 weitergehen, sollten Sie das Papier bemalen.

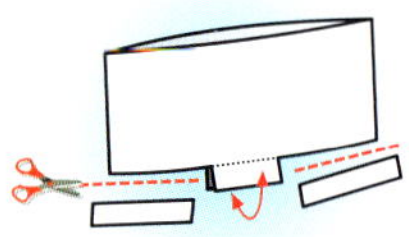

4. Streichen Sie Vor- und Rückseite der Klebelasche mit Kleber ein. Kleben Sie eine Lasche auf die linke Seite der Basis. Achten Sie darauf, dass zwischen Mittelfalz der Basis und Unterkante des Pop-up-Elements 2 cm Abstand sind. Die Klebelasche sollte flach liegen.

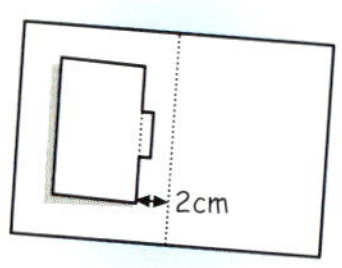

5. Klappen Sie die Basis zu, damit auch die andere Lasche angeklebt wird, und lassen Sie den Kleber trocknen. Öffnen Sie die Basis. Kleben Sie einen Henkel an, den Sie aus einem Papierrest zuschneiden.

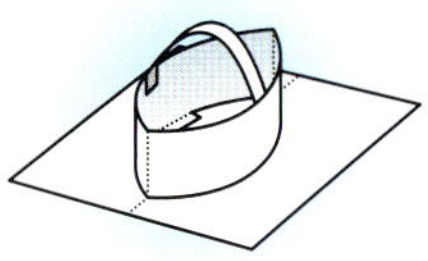

Themenvorschlag

Die Kinder können aus dem Pop-up-Element einen Picknickkorb machen und Butterbrote und Obst aus Papierresten zuschneiden, die sie in den Korb kleben. Die Basis kann wie ein kariertes Tischtuch bemalt werden. Auf der Vorderseite der Basis schreiben die Kinder Nahrungsmittel für ihr Picknick, auf der Rückseite listen sie die Picknick-Utensilien (Geschirr, Besteck, Gläser, ...) auf.

Schuh-Pop-up

1. Falten Sie die Basis aus einem DIN-A4-Blatt. Dann halbieren Sie ein weiteres DIN-A4-Blatt der Breite nach. Knicken Sie an einer Schmalseite einen Kleberand um, falten Sie die andere Schmalseite darauf und kleben Sie sie fest. Schneiden Sie in der Mitte der Unterkante des Pop-up-Elements eine Klebelasche zu.

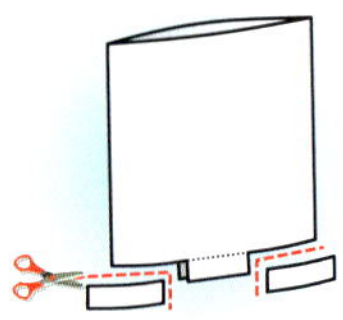

2. Zeichnen Sie den Umriss eines Schuhs auf und schneiden Sie ihn aus.

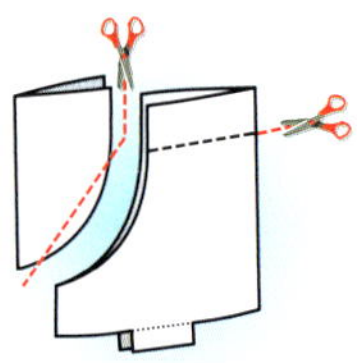

3. Kleben Sie den Schuh auf die Basis, wie bei der Grundform beschrieben. Um zu verhindern, dass sich das Pop-up-Element schließt, machen Sie am Fuß eine kleine Bergfalte in die Talfalte der Basis (vgl. Schritt 8 S. 41).

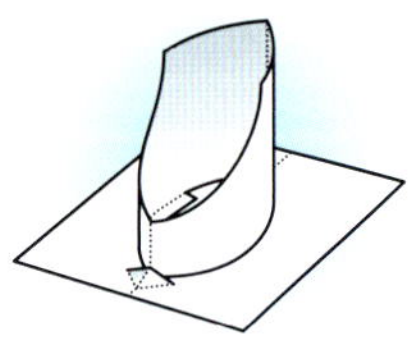

Themenvorschlag

Die Kinder bemalen den Schuh und schreiben auf der Basis auf, welche Schuhe sie gern tragen würden, z.B. Fußball- oder Ballettschuhe.

Kiste oder Tasche

1. Folgen Sie der Anleitung des Turm-Pop-ups bis Schritt 3. Falten und schneiden Sie aus einem DIN-A4-Blatt die Grundform aus. Knicken Sie den rechten und den linken Falz 2 cm um.

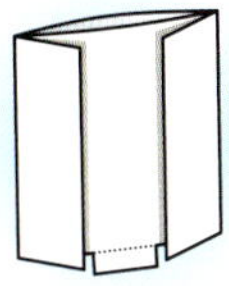

2. Falten Sie die Seiten nach innen.

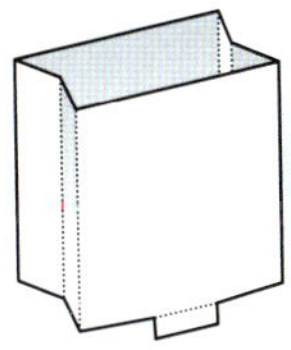

3. Messen Sie 2 cm vom Mittelfalz der Basis bis zur Unterkante des Pop-up-Elements ab und kleben Sie es flach auf. Lassen Sie den Kleber trocknen und öffnen Sie die Basis.

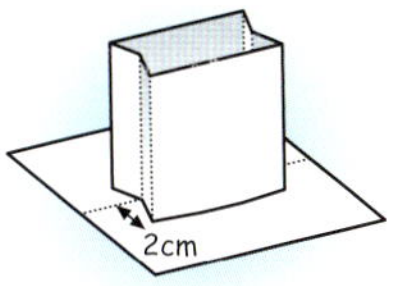

4. Schneiden Sie aus dem restlichen Papier Dinge aus, die in die Kiste oder die Tasche gehören.

Themenvorschlag

Möbelkauf: Die Kinder zeichnen Möbelstücke auf und kleben Sie in die Tasche. Daneben schreiben Sie, welche Möbel sie sich ausgesucht haben.

Noahs Arche

1. Verwenden Sie für dieses Projekt festes DIN-A2-Papier. Führen Sie die Schritte 1–3 für die Grundform durch. Zeichnen Sie die Umrisse einer Arche auf und schneiden Sie sie aus.

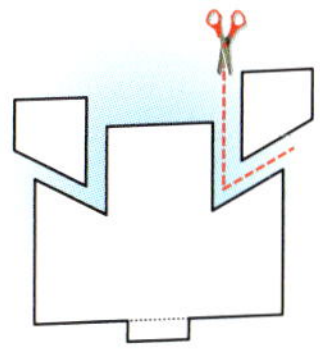

2. Knicken Sie das Dach vor und zurück.

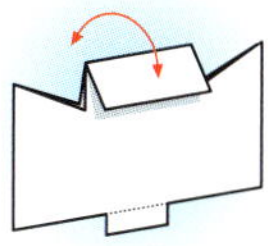

3. An der Oberkante des Daches klappen Sie einen schmalen Kleberand vor und zurück.

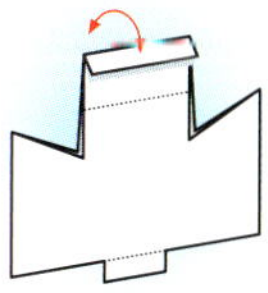

4. Kleben Sie die Kleberänder an der Oberkante des Daches mit den Innenseiten aneinander.

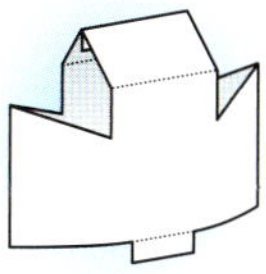

5. Falten Sie an den Seitenkanten der Arche Ränder und knicken Sie sie vor und zurück.

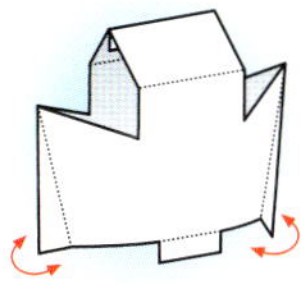

6. Falten Sie die Seitenränder nach innen. Kleben Sie die Arche wie die Kiste oder die Tasche auf die Basis. Lassen Sie den Abstand zwischen Mittelfalz der Basis und Unterkante der Arche etwas größer.

Themenvorschlag

Jedes Kind schneidet aus Papierresten ein Tierpaar aus (oder Noahs Familie). Sie können die Figuren entweder um die Arche herum oder in die Arche kleben oder sie als Pop-up-Elemente um den Bug der Arche kleben. Lassen Sie die Kinder auf DIN-A5-Bögen das Ende der Geschichte aufschreiben und die Bedeutung des Regenbogens erklären. Diese Papiere können in einem Umschlag auf die Basis geklebt werden.

17 Zauber-Bücher

Die hier vorgestellten Flexagone sind verhältnismäßig einfach zu machen. Fertigen Sie zunächst die Grundform an und zeigen Sie dann vor der ganzen Klasse, wie geklebt wird und wie man die Seiten des Flexagons umblättert. Lassen Sie die Kinder das Umblättern üben, bevor sie selbst ein Zauberbuch basteln.

Themenvorschlag

Lassen Sie die Kinder mit Bleistift Zahlen auf die Felder malen wie in den Abbildungen bei Schritt 1 und 2 gezeigt. Auf die Felder mit den geraden Zahlen malen die Kinder Obst, auf die ungeraden Zahlenfelder Gemüse.

Die Grundform

1. Falten Sie ein DIN-A4-Blatt erst einmal und dann noch einmal der Länge nach auf die Hälfte. Klappen Sie das Blatt auf und falten Sie es zweimal der Breite nach auf die Hälfte. Entfalten Sie das Blatt und schneiden Sie den untersten Querstreifen ab.

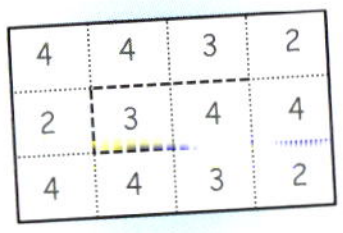

2. Nummerieren Sie die Felder wie oben abgebildet. Schneiden Sie an drei Seiten um die beiden Mittelfelder herum.

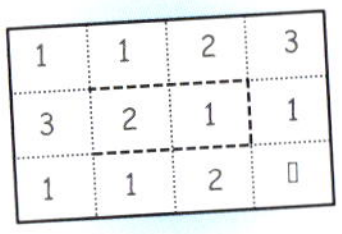

3. Drehen Sie das Blatt um und nummerieren Sie die Felder wie in der zweiten Abbildung angegeben.

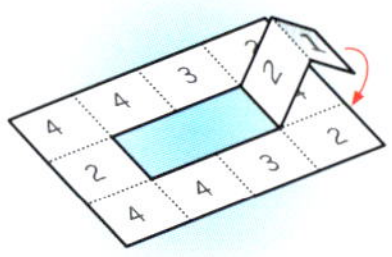

4. Drehen Sie das Blatt wieder um und falten Sie die Mittelfelder um den rechten Rand des Blattes.

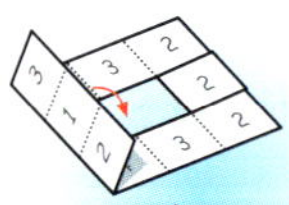

5. Falten Sie den linken Seitenrand einmal und dann noch einmal nach innen.

6. Drehen Sie das Blatt um und verbinden Sie die Mittelfelder mit einen Klebestreifen.

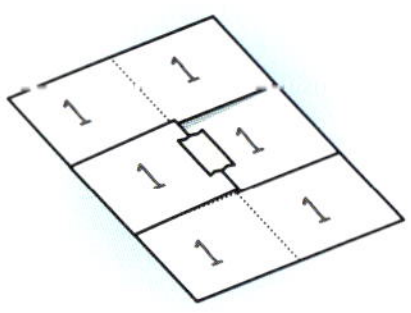

7. Blättern Sie das Flexagon in der angegebenen Weise um, bis Sie an der Oberfläche alle Zahlen sehen können.

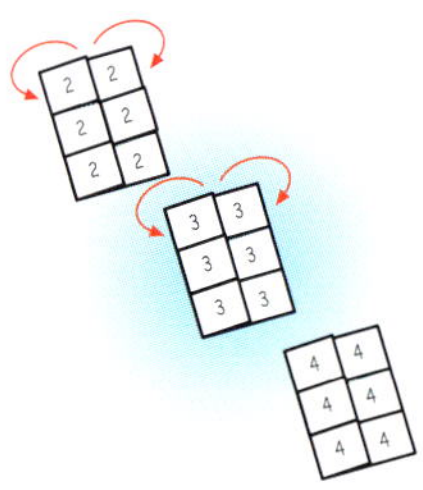

Flexagon 2

1. Schneiden Sie aus zwei DIN-A4- oder DIN-A3-Blättern gleich große Quadrate zu. Nehmen Sie eines der Quadrate und falten Sie den linken und den rechten Seitenrand in die Mitte. Falten Sie das Blatt auf und wiederholen Sie diesen Vorgang mit dem anderen Quadrat.

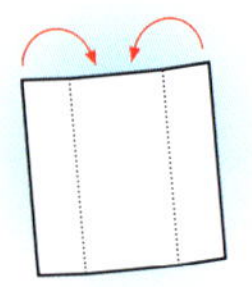

2. Halbieren Sie beide Quadrate horizontal und nummerieren Sie sie wie in der Abbildung angegeben.

3. Kleben Sie die Ecken der Felder 3 und 4 an die Felder 1 und 2.

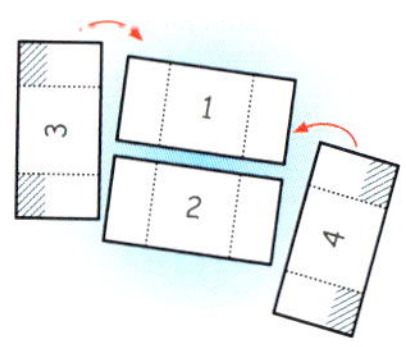

4. Folgen Sie beim Öffnen der Anleitung. Das Flexagon öffnet sich immer wieder aus sich selbst heraus.

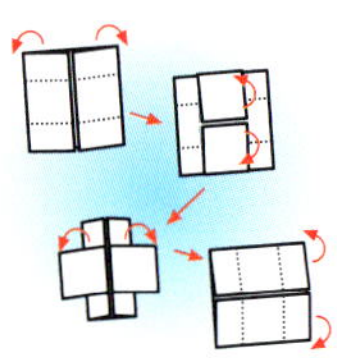

Jakobsleiter

Dieses Buch geht auf ein uraltes Kinderspielzeug aus China zurück. Lassen Sie die Kinder zusehen, wenn Sie es anfertigen.

1. Als Ausgangsform nehmen Sie ein 8-seitiges Basisbuch aus DIN-A2-Papier. Entfalten Sie das Blatt und entfernen Sie die beiden mittleren Felder in der oberen Reihe. (Es sind zwei Papierstücke im DIN-A5-Format.)

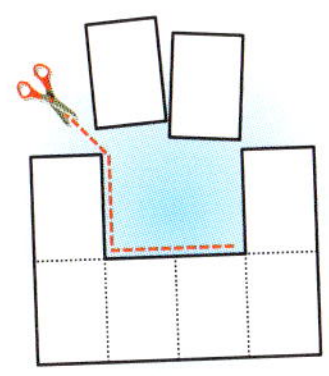

2. Klappen Sie das Papier an der vertikalen Mittellinie auf die Hälfte. Machen Sie an der Faltkante drei Einschnitte, so dass vier gleich breite Streifen entstehen.

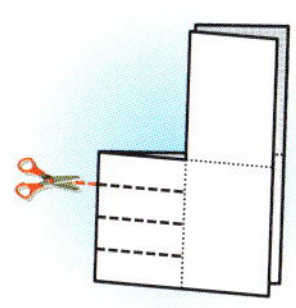

3. Falten Sie die oberen Felder nach hinten und „weben" Sie eines der DIN-A5-Papiere über und unter die Streifen. Verfahren Sie mit den Streifen auf Seite 3 genauso. Schieben Sie das DIN-A5-Papier jedoch unter den ersten Streifen.

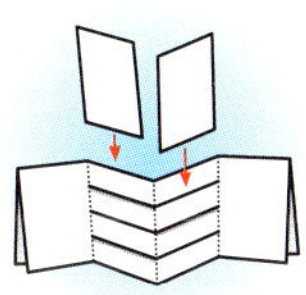

4. Falten Sie die Felder so in Zickzackform, dass die mittleren Felder nach vorne stehen. Suchen Sie mit den Daumen die versteckte Spalte zwischen den Seiten 2 und 3 und klappen Sie sie auf, so dass zwei neue Seiten zu sehen sind!

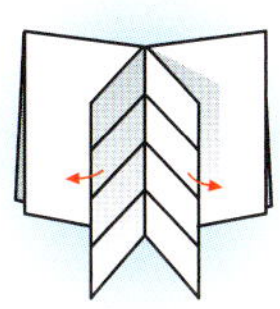

Themenvorschlag

Fertigen Sie zu Ausstellungszwecken eine Jakobsleiter aus DIN-A2-Papier an und kleben Sie Arbeiten einzelner Kinder auf die Streifen. Das Buch könnte das Thema „Mein Körper" haben. Geben Sie den Kindern den Satzanfang: „Ich habe ... (Finger, Zehen, Augen)."

Zaubertasche

1. Basteln Sie ein Leporello-Buch aus einem DIN-A3-Blatt. Entfalten Sie das Blatt und knicken Sie es dann zuerst der Länge nach und dann der Breite nach auf die Hälfte. Machen Sie an der Faltkante drei gleich lange Einschnitte für vier Streifen, wie bei der Jakobsleiter.

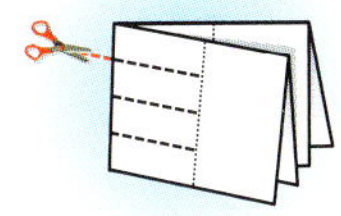

2. Falten Sie das Blatt an der vertikalen Mittellinie auseinander und schneiden Sie an den gekennzeichneten Stellen. So entstehen zwei Teile (a und b).

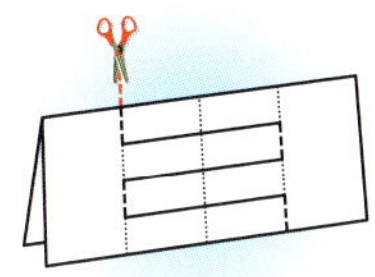

3. Kleben Sie an beiden Teilen die offenen Streifen zusammen.

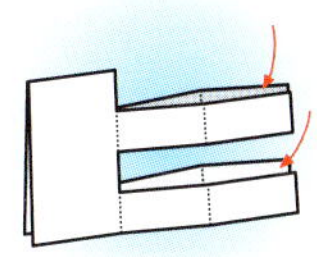

4. Falten Sie die Streifen von a in Zickzackform und kleben Sie die Enden der Streifen hinter Feld b.

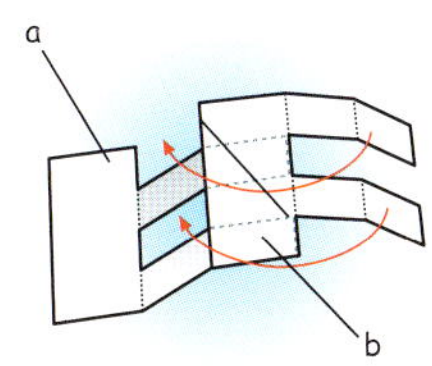

5. Falten Sie die Streifen von b nach links unter Teil a. Falten Sie Teil a über Teil b.

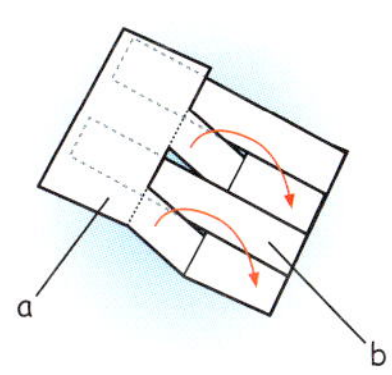

6. Falten Sie die beiden nach links überstehenden Enden von Teil b nach rechts über Teil a.

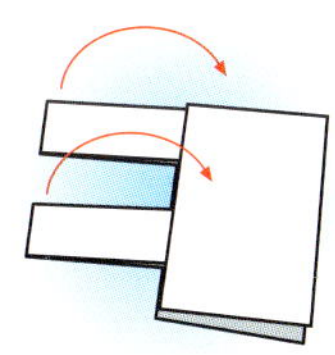

7. Öffnen Sie die Brieftasche. Schneiden Sie Papierstücke im DIN-A6-Format zu und schieben Sie sie hinter die Streifen.

Themenvorschlag

Die Kinder malen ihre Lieblingsfotos (meine Ferien, meine Mama, mein bester Freund, auf mind. zwei der DIN-A6-Papiere. Überlegen Sie gemeinsam, welche Bildunterschriften passend wären. Die Kinder beschriften die Bilder, bevor sie sie in die Brieftasche schieben.

18 Unsichtbare Verbindungen

Bei den ersten drei Büchern dieses Projekts ist die Heftklammer, die alles zusammenhält, nicht zu sehen. Können die Kinder herausfinden, wie das Buch gemacht wird? Beim vierten Buch halten die Seiten ohne irgendeine Befestigung zusammen.

Die Grundform

1. Falten Sie zwei separate DIN-A4-Blätter der Länge und der Breite nach auf die Hälfte. Entfalten Sie sie.

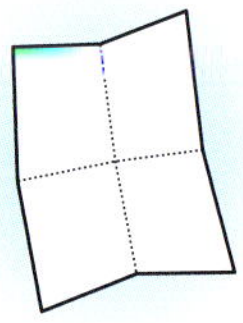

2. Legen Sie die Blätter im Hochformat aufeinander und heften Sie sie unten an der vertikalen Mittellinie zusammen.

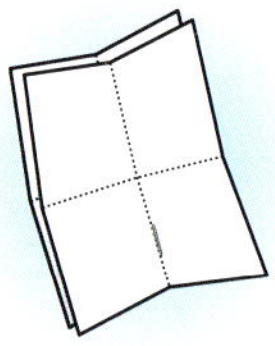

3. Klappen Sie die obere Hälfte des oberen Blattes nach vorn und die obere Hälfte des unteren Blattes nach hinten.

4. Falten Sie das Buch an der Mittellinie – fertig!

Geheftetes Buch mit Einband

1. Klappen Sie zwei separate DIN-A4-Blätter der Länge und der Breite nach auf die Hälfte. Falten Sie sie auf. Wiederholen Sie dies mit einem weiteren, vorzugsweise farbigen Blatt, dem Einband. Klappen Sie eines der weißen Blätter der Breite nach auf die Hälfte (DIN-A5-Format) und legen Sie es auf die untere Hälfte des farbigen Blattes.

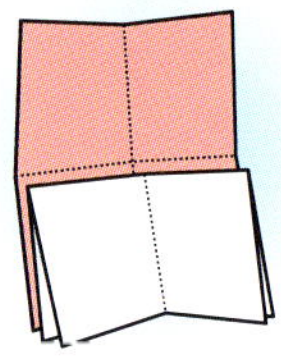

2. Legen Sie das andere weiße Blatt im aufgefalteten Zustand darüber. Halten Sie die Blätter gut fest und heften Sie sie an der unteren Hälfte der vertikalen Mittellinie zusammen.

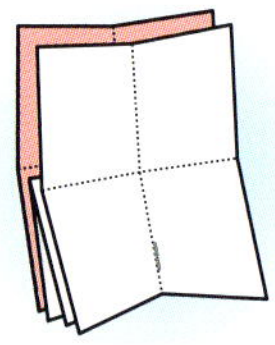

3. Falten Sie die obere Hälfte des obersten Blattes nach vorn und die obere Hälfte des farbigen Blattes nach hinten.

4. Falten Sie das Buch an der Mittellinie.

Themenvorschlag

Die Kinder malen und benennen auf jeder Doppelseite ein Tier. Sprechen Sie über folgende Themen: Was ist das Besondere an deinem Tier? Was tut es?
Auf jede Seite schreiben sie einen erklärenden Satz, z.B. „Fische atmen mit Kiemen im Wasser." Sie fügen entsprechende Illustrationen hinzu.

Unsichtbare Verbindungen 18

Seitlich geheftete Bücher

1. Für die Buchseiten falten Sie sechs DIN-A4-Blätter auf DIN-A5-Format und legen sie so aufeinander, dass die Faltkanten auf einer Seite sind und die offenen Kanten auf der anderen. Da das erste und das letzte Blatt den Einband darstellen, sollten Sie dafür farbiges Papier verwenden. Heften Sie alle Blätter knapp an den offenen Kanten zusammen. Falls nötig, können Sie vor dem Heften weitere Blätter hinzufügen.

2. Für den Buchrücken schneiden Sie einen etwa 4 cm breiten Streifen zu, der so hoch wie das Buch ist. Falten Sie ihn der Länge nach auf die Hälfte.

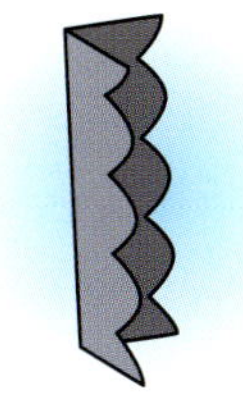

3. Verzieren Sie den Buchrücken mit farbigen Stiften, bevor Sie ihn über den gehefteten Rand kleben.

Themenvorschläge

Lassen Sie die Kinder ein Gedicht auf ein gefaltetes Blatt Papier schreiben. Dabei liegt die Faltkante rechts. Das Thema könnte z.B. ein Spielzeug sein, mit dem die Kinder gerne gespielt haben, als sie noch kleiner waren. Wo ist das Spielzeug nun? Machen Sie aus den Seiten ein Buch für jeweils eine Gruppe.

Die Kinder schreiben auf jede Seite einen anderen Monatsnamen. Einmal im Monat notieren sie die typischen Eigenschaften dieses Monats: „Im September …"

Verschachteltes Buch

Ob Ihre Kinder herausfinden, was die Seiten zusammenhält?

1. Falten Sie zwei separate DIN-A4-Blätter der Länge und der Breite nach auf die Hälfte. Falten Sie sie auseinander. Halbieren Sie die Blätter an der vertikalen Mittellinie. Legen Sie je zwei Blätter aufeinander und schneiden Sie die Mittellinie jeweils zu einem Drittel von oben und von unten ein.

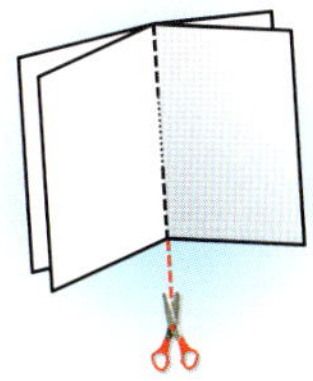

2. Legen Sie die anderen beiden Blätter übereinander, messen sie aus und schneiden Sie das mittlere Drittel der Mittellinie ein.

3. Biegen Sie eine Seite der ersten beiden Blätter zusammen und schieben Sie sie durch den Schlitz der letzten beiden Blätter.

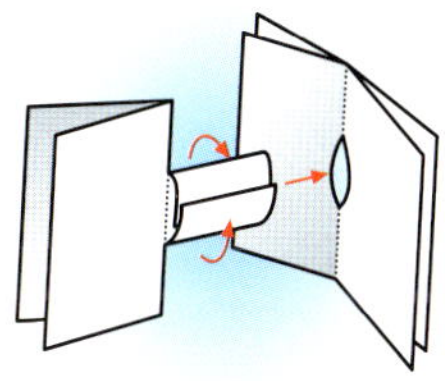

4. Klappen Sie die Blätter auf der anderen Seite des Schlitzes wieder auf und das Buch ist fertig.

Themenvorschlag

Auf das Titelblatt könnten die Kinder „Wunschbuch von …" schreiben. Unten auf jeder Seite ergänzen sie den Satzanfang „Ich wünschte, ich könnte …" und malen ein passendes Bild dazu.

19 Bücher mit Einband

Diese Faltbücher sehen wie „richtige" Bücher aus, weil sie einen Buchrücken haben. Experimentieren Sie mit unterschiedlichen Formaten und farbigem Papier.

Die Grundform

1. Entfalten Sie ein Leporello-Buch und knicken Sie es dann der Breite nach auf die Hälfte. Machen Sie an der horizontalen Mittellinie einen Einschnitt wie abgebildet.

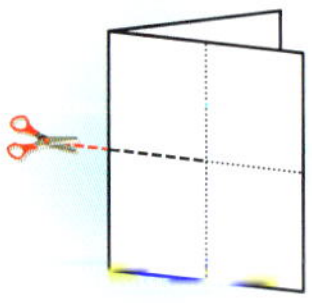

2. Falten Sie das Blatt auseinander und schneiden Sie, wie abgebildet, die vertikale Mittellinie zur Hälfte ein.

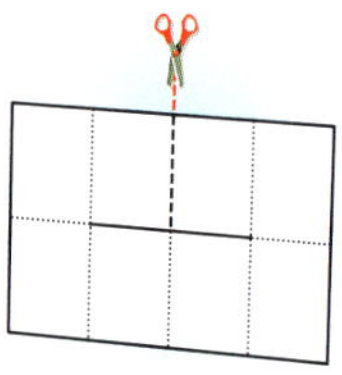

3. Klappen Sie die obere Hälfte des Blattes nach hinten und klappen Sie die mittleren Seiten auf.

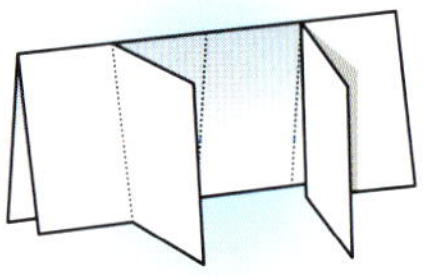

4. Knicken Sie das Blatt der Breite nach auf die Hälfte, so dass die mittleren Seiten mit dem Rücken aneinander stoßen. Falten Sie das erste und das letzte Feld als Einband nach vorn, so dass die anderen Seiten innen liegen.

5. Für den Buchrücken schneiden Sie einen 4 cm breiten Streifen aus farbigem Papier zu, der so hoch ist wie das Buch. Knicken Sie ihn der Länge nach auf die Hälfte und verzieren Sie den Rand mit einem hübschen Zickzackmuster. Entfalten Sie den Streifen und kleben Sie ihn über den Buchrücken.

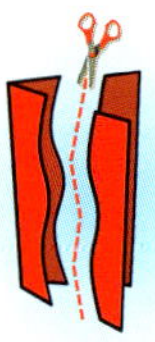

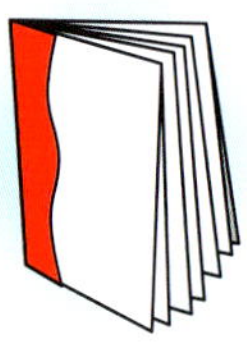

Buch mit losem Einband

1. Für die Buchseiten verwenden Sie ein Leporello-Buch aus einem DIN-A4-Blatt. Falten Sie das Blatt auseinander und schneiden Sie, wie abgebildet, an der horizontalen Mittellinie entlang.

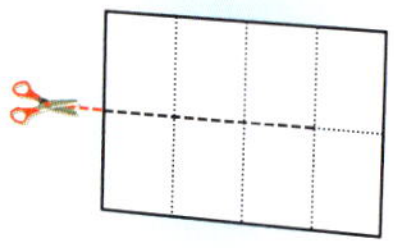

2. Knicken Sie die obere Hälfte des Blattes nach hinten und legen Sie die Felder zu beiden Seiten der Mittelfelder in Zickzackform zusammen.

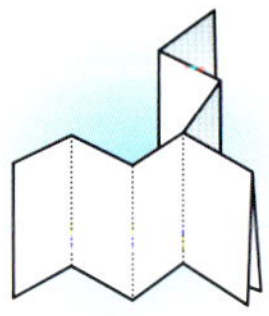

3. Für den Einband falten Sie ein Stück farbiges DIN-A4-Papier der Länge nach auf die Hälfte. Halten Sie den rechten Seitenrand fest und falten Sie den linken Seitenrand so, dass er in etwa 1 cm Abstand davon liegt. Wiederholen Sie diesen Schritt in die andere Richtung. Nun haben Sie einen Buchrücken für Ihren Einband.

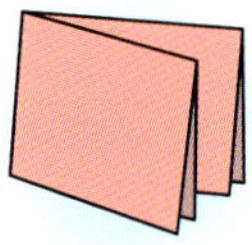

4. Falten Sie den linken Seitenrand so nach innen, dass er 1 cm vom Buchrücken entfernt ist. Wiederholen Sie diesen Schritt mit der anderen Seite.

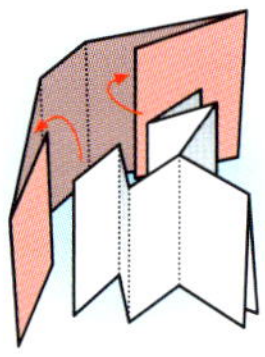

5. Schieben Sie die erste Seite des Buches in die linke Tasche des Einbandes. Wiederholen Sie diesen Schritt mit der anderen Seite und schließen Sie das fertige Buch.

Themenvorschlag

Diese Bücher sind sehr gut für Themen wie „Meine Familie und Freunde" geeignet. Die Kinder malen auf jede Seite eine andere Person und schreiben den Namen dazu.

Blumenbuch

1. Fertigen Sie ein Buch mit losem Einband an. Öffnen Sie den Einband von der Innenseite, knicken Sie das vordere Titelblatt der Länge nach auf die Hälfte und machen Sie in der Mitte der Faltkante, wie abgebildet, einen Einschnitt.

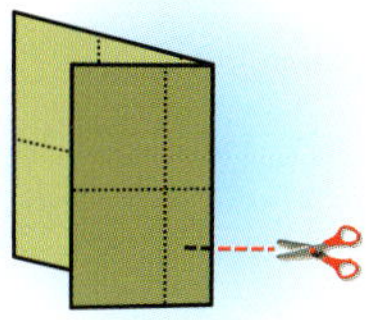

2. Entfalten Sie das Blatt und schneiden Sie von dem Schlitz aus, den Sie eben gemacht haben, nach oben und unten, so dass ein kreuzförmiger Schlitz entsteht. Daraus werden die Blütenblätter.

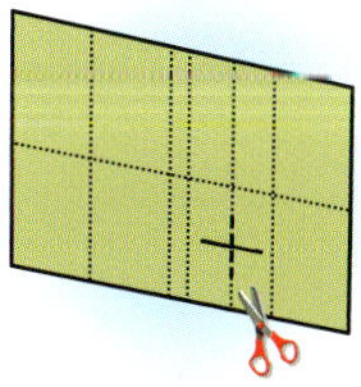

3. Knicken Sie die obere Hälfte des Blattes nach hinten.

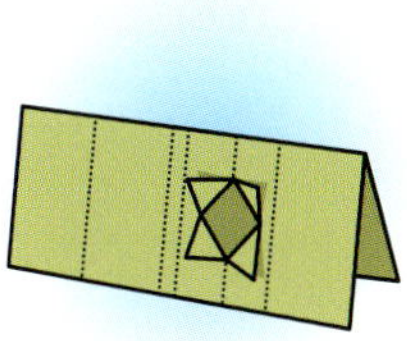

4. Drehen Sie den Einband um und falten Sie die Blütenblätter nach vorn. Klappen Sie die äußeren Segmente des Einbandes nach innen und schieben Sie die Buchseiten hinein.

Ein Vorwärts-Rückwärts-Buch

Bei dieser Technik aus dem 18. Jahrhundert werden zwei Bücher in einen Einband gebunden. Das zweite Buch wird an der Rückseite des ersten Buches befestigt.

1. Für die Buchseiten falten und schneiden Sie zwei Buchblöcke wie für das Buch mit losem Einband.

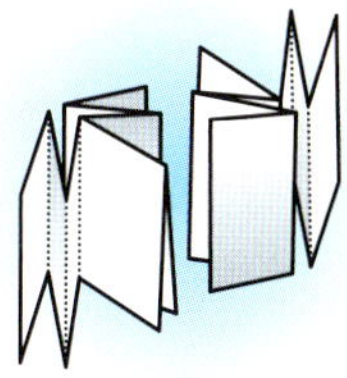

2. Für den Einband falten Sie ein farbiges DIN-A4-Blatt der Länge nach auf die Hälfte. Vom linken Seitenrand ausgehend machen Sie im Abstand von 8 cm, dann 1 cm, dann wieder 8 cm, 1 cm und schließlich wieder 8 cm eine Markierung. Schneiden Sie das überstehende Papier ab.

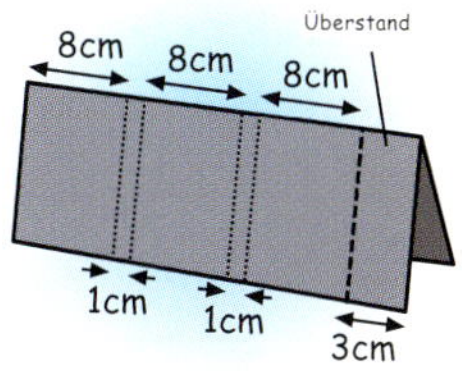

3. Falten Sie den Einband zu einem „Zickzack-Einband" wie in der Abbildung.

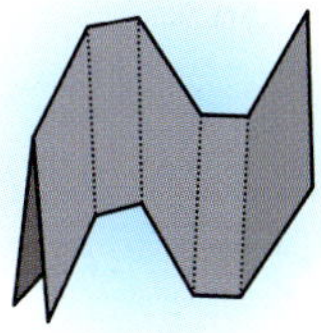

4. Kleben Sie den ersten Buchblock in den vorderen Einband und den zweiten Buchblock in den hinteren Einband.

Themenvorschläge

Die Kinder können verschiedene Blätter und Gartenblumen sammeln, sie pressen und in das Buch kleben. Dazu schreiben sie den Namen der Pflanze.

Wie Blumen wachsen. Lassen Sie die Kinder die erste Buchseite als Titelblatt verwenden, während sie auf den anderen fünf Seiten Samen, Knospe, Stängel, Blüte und Blätter malen.

Themenvorschläge

Zum Thema „Jahreszeiten" könnten die Kinder in das erste Buch schreiben, was ihnen am Sommer gefällt, und in das zweite Buch etwas über den Winter.

Das erste Buch wäre auch für eine Liste von Fragen geeignet und das zweite für die Antworten. Die Kinder könnten so ihr eigenes „Rätselbuch" entwerfen.

20 Seitlich gebundene Bücher

Das seitliche Binden der Buchseiten ist eine Technik, die die Japaner vervollkommnet haben. Die Naht ist auf der Außenseite des Buchdeckels sichtbar und so sind die Nähstiche ein Bestandteil des Buchdesigns.

Die Grundform

1. Die Buchseiten können beliebig groß sein. Falten Sie die Blätter entweder auf die Hälfte und legen Sie sie so aufeinander, dass die Faltkanten links und die offenen Kanten rechts liegen, oder legen Sie sie ungefaltet aufeinander.

2. Für den Buchdeckel legen Sie eine Seite im gewünschten Format auf Pappe und zeichnen einen Rand von 0,5 cm an allen Kanten dazu. Schneiden Sie die Pappe aus und machen Sie ein zweites Exemplar.

3. Schneiden Sie vom linken Seitenrand eines der Pappstücke einen 2 cm breiten Streifen ab (bei größeren Büchern breiter). Entfernen Sie einen 1 cm breiten Streifen von dem größeren Reststück, den Sie noch aufheben.

4. Kleben Sie einen 2 cm breiten Pappstreifen auf das Einbandpapier. Lassen Sie dabei links und unten einen 2 cm breiten Rand. Legen (nicht kleben) Sie den 0,5 cm breiten Streifen daneben und kleben Sie den Rest des Buchdeckels auf. Nehmen Sie nun den 0,5 cm breiten Streifen weg.

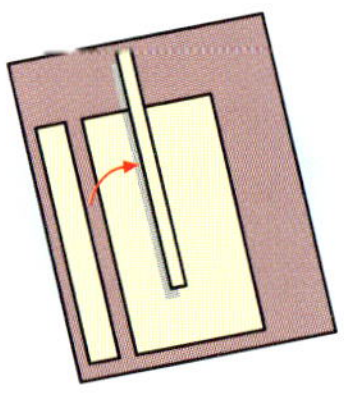

5. Schneiden Sie das Einbandpapier so zu, dass auf den anderen beiden Seiten ein 2 cm breiter Rand stehen bleibt.

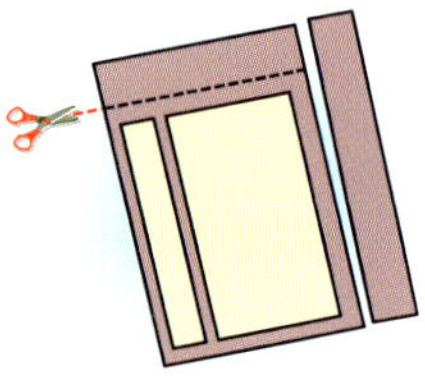

6. Knicken Sie den Rand auf den Buchdeckel und kleben Sie ihn fest (vgl. Abbildung von Schritt 7).

7. Schneiden Sie dünnes Papier so zu, dass es etwas kleiner ist als die Buchdeckel. Kleben Sie die Ränder fest. Damit wird die Innenseite der Deckelpappen verkleidet. Wiederholen Sie alle diese Schritte mit der anderen Deckelpappe.

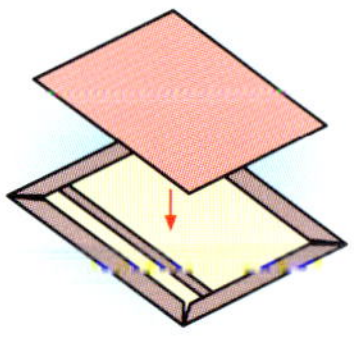

8. Legen Sie die Deckelpappe mit der Außenseite nach unten auf den Tisch. Der 2 cm breite Rand liegt links. Legen Sie die Buchseiten darauf. Achten Sie darauf, dass die Faltkanten links und die offenen Kanten bündig auf der rechten Seitenkante der Deckelpappe liegen.

9. Legen Sie die vordere Deckelpappe mit der Außenseite nach oben auf die Buchseiten. Der 2 cm breite Rand liegt links. Halten Sie das Buch gut fest, legen Sie Papierstücke als Schutz um die Oberkante und sichern Sie sie mit Klemmen. Mit der Unterkante verfahren Sie genauso.

Löcher bohren und nähen

Machen Sie mit einer Buchbinderahle in regelmäßigen Abständen vier Löcher in die Lücke zwischen den Deckelpappen. Überprüfen Sie, dass die Nadel, die Sie verwenden, ohne Probleme durch die Löcher passt.

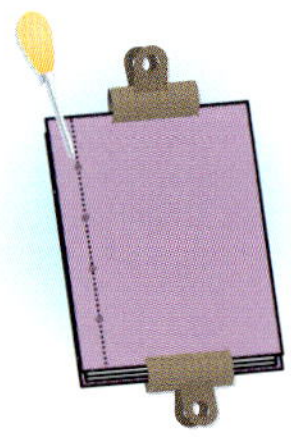

Messen Sie ein Stück Faden ab, das zweimal so lang ist wie die Buchhöhe. Schätzen Sie ab, wie viel Sie brauchen, um viermal über den Buchrücken zu nähen, und geben Sie genug zu, um einen Knoten machen zu können und etwas herunterhängen zu lassen. Wenn Sie mit dünnem Faden arbeiten, nehmen Sie den Faden doppelt und verdoppeln die oben berechnete Länge des Fadens.

Nähen

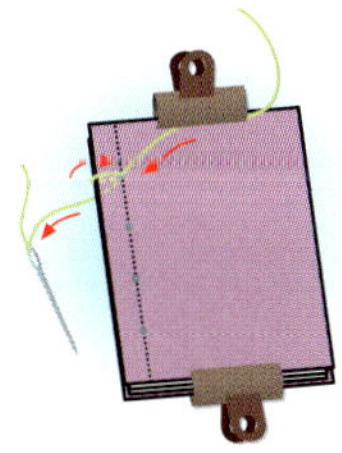

1. Nähen Sie durch das oberste vordere Loch. Klemmen Sie ein wenigstens 10 cm langes Fadenstück unter die Klemme. Gehen Sie von hinten um den Buchrücken und stechen Sie noch einmal in dasselbe Loch.

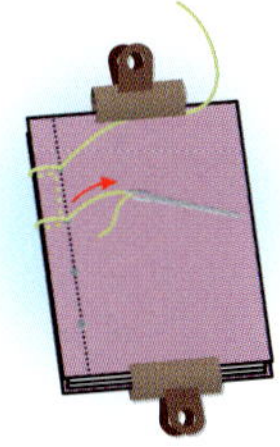

2. Gehen Sie weiter zu Loch 2, von hinten nach vorn, um den Buchrücken und noch einmal durch Loch 2.

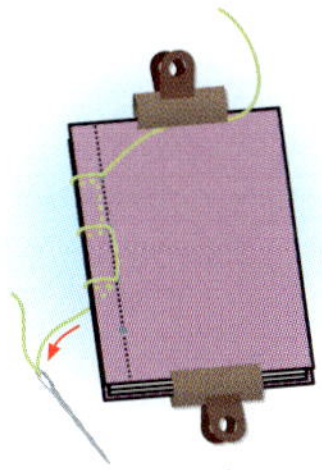

3. Von der Vorderseite des Loches 3 nähen Sie nach hinten, über den Buchrücken und noch einmal durch Loch 3.

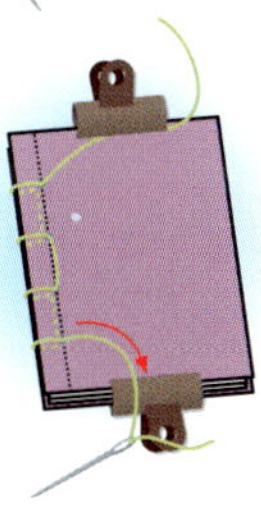

4. Gehen Sie zu Loch 4, nähen nach vorn, über den Buchrücken und noch einmal durch Loch 4.

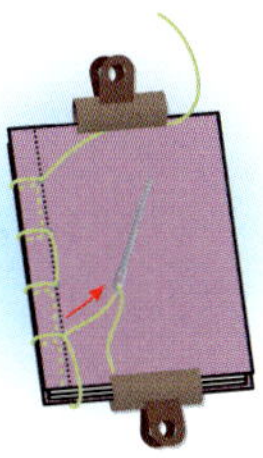

5. Gehen Sie mit der Nadel unter das Buch und nähen Sie ein drittes Mal durch Loch 4.

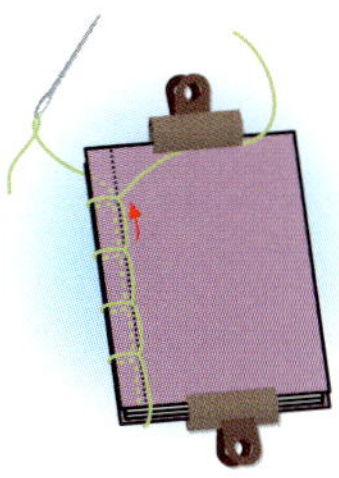

6. Gehen Sie hoch zu Loch 3 und nähen Sie nach hinten.

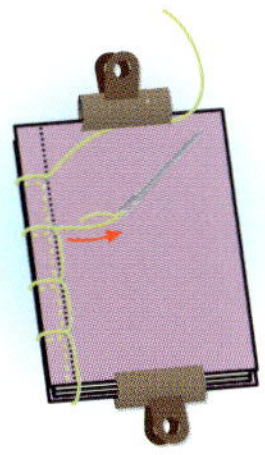

7. Gehen Sie hoch zu Loch 2 und nähen Sie nach vorn.

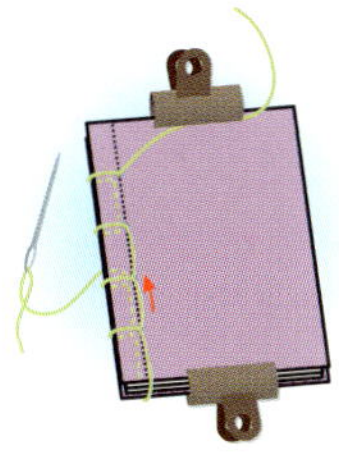

8. Gehen Sie hoch zum obersten Loch und nähen Sie nach hinten.

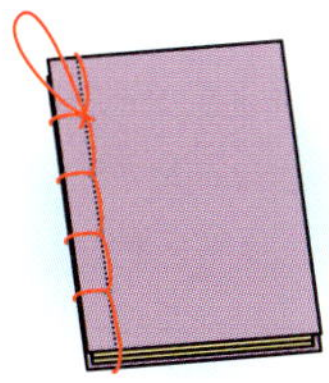

9. Lösen Sie das Fadenende von der Klemme und fädeln Sie aus. Holen Sie dieses Fadenende nach vorn. Machen Sie auf der Vorderseite vor dem obersten Loch einen Knoten. Machen Sie am Ende des Fadens einen Knoten, um eine Aufhängschlaufe zu bilden. Nehmen Sie die Klemmen ab. Fahren Sie leicht mit dem Finger über die Rille auf dem Buchdeckel, bevor Sie das Buch öffnen.

Themenvorschlag

Diese Bücher sind sehr gut geeignet, einzelne große Blätter der Kinder oder thematisch zusammenhängende Arbeiten zu binden. Sie stapeln die Blätter einfach aufeinander und nähen sie am Rand zusammen. Im Beispiel unten ist ein Buch zum Thema „Schuhe“ entstanden.

21 Akkordeon-Buch

Buchseiten, die sich in einer Zickzacklinie öffnen, stammen aus dem alten China. Hier muss nicht genäht werden und Sie können nach dem Binden weitere Seiten hinzufügen.

Die Grundform

1. Falten Sie ein Leporello-Buch aus DIN-A2-Papier. Falten Sie das Blatt im Querformat auf und klappen Sie den linken und den rechten Seitenrand in die Mitte. Machen Sie, wie abgebildet, zwei Einschnitte und knicken Sie das untere Feld vor und zurück. Wiederholen Sie dies auf der anderen Seite.

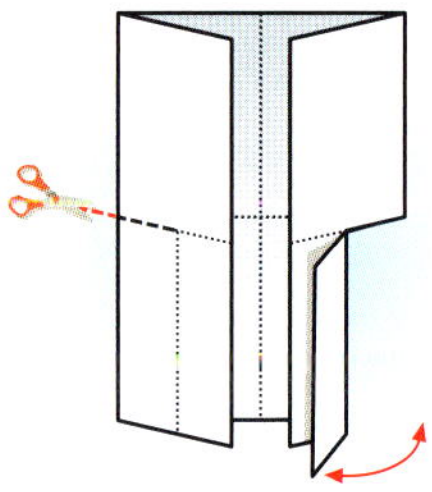

2. Entfalten Sie das Blatt und knicken Sie es der Länge nach auf die Hälfte. Falten Sie die Seiten wie abgebildet.

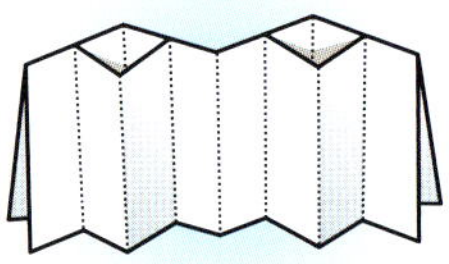

3. Kleben Sie die Rückseite der letzten Seite an die Rückseite der nächsten ersten Seite usw.

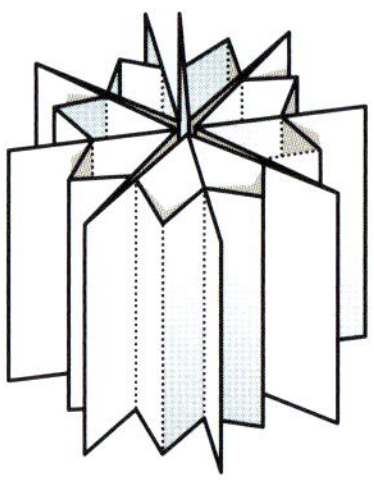

Themenvorschlag

Diese Buchform ist dann nützlich, wenn Sie nicht genau wissen, wie viele Seiten Sie für ein Klassenprojekt brauchen. Es eignet sich für Themenarbeiten der ganzen Klasse, z.B. „Die Geschichte eines Briefes". Jedes Kind malt und beschreibt einen Ablauf auf einem Blatt Papier: „1 – Einen Brief schreiben", „2 – Einen Brief in den Umschlag stecken", „3 – Den Umschlag mit der Adresse versehen". Die letzten Seiten zeigen den Postboten, der den Brief austrägt. Die allerletzte Seite zeigt, wie der Empfänger den Brief liest.

Arbeiten der Kinder einkleben

Jedes querformatige Papier, das die Kinder zum Schreiben und Malen verwenden, sollte etwas kleiner als DIN-A4 sein und zu vier Zickzackfeldern gefaltet und an die Seiten des Akkordeon-Buches geklebt werden.

Offene Buchdeckel

Schneiden Sie zwei Kartonstücke zu, die etwas größer sind als DIN-A5 und kleben Sie das eine an die Rückseite der ersten, das andere an die Rückseite des letzten Buches.

Hardcover-Buch

1. Verwenden Sie dieselben Buchdeckel wie für die offene Variante. Nun fügen Sie jedoch einen Buchrücken aus Karton hinzu. Ein Buch, das die Arbeiten einer ganzen Klasse aufnehmen soll, braucht einen Buchrücken von etwa 4 cm Breite. Bestreichen Sie die Kartonstücke dünn mit Kleber und legen Sie sie auf hochwertiges Überzugpapier. Lassen Sie an den Kanten einen 2 cm breiten Rand. Zwischen Buchdeckel und Buchrücken lassen Sie 0,5 cm Platz. Die Ecken schneiden Sie schräg ab. Dabei lassen Sie einen schmalen Rand zwischen Buchdeckelecke und Schräge stehen.

2. Kleben Sie alle Seitenränder an die Buchdeckel und drücken Sie die schmalen Ränder an die Ecken der Buchdeckel.

3. Für das Innenfutter schneiden Sie ein Stück Papier so zu, dass es den rechten Buchdeckel und den Buchrücken abdeckt und 1 cm weit den linken Buchdeckel überlappt. Bestreichen Sie die Kanten und kleben Sie es fest.

4. Für die Seiten schneiden Sie ein DIN-A2-Blatt der Länge nach auf die Hälfte. Falten Sie die Streifen so in Zickzackform, dass Sie Seiten in DIN-A5-Größe erhalten. Verbinde Sie die Zickzack-Elemente mit Klebeband, wie in der Abbildung gezeigt.

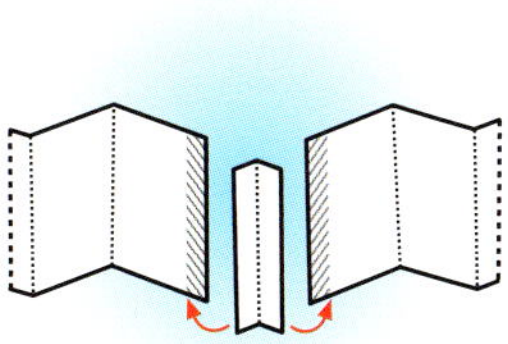

5. Kleben Sie die erste Buchseite an der Innenseite des Buchdeckels fest. Ob Sie die letzte Seite an den Buchdeckel kleben, bleibt Ihnen überlassen. Bevor Sie das Buch vorsichtig schließen, fahren Sie mit dem Finger leicht über die Rille zwischen den Buchdeckeln und dem Buchrücken.

Leinenrücken und -ecken

Zur Verstärkung von Büchern mit festem Einband verwenden Sie Leinen (Buckram) für den Buchrücken und für die Ecken. Das ist besonders dann angebracht, wenn das Buch oft benutzt wird.

1. Beziehen Sie jeden der beiden Buchdeckel einzeln. Gehen Sie dabei so vor, wie beim Hardcover-Buch beschrieben.

2. Schneiden Sie einen Buchrücken aus Steifleinen zu, der 4 cm höher als die Buchdeckel ist und breit genug, um die Breite des Buchrückens (die Lücke zwischen Buchdeckel und Buchrücken und 2 cm der Buchdeckelkanten) abzudecken. Bestreichen Sie den Leinenstreifen auf der Rückseite mit Kleber und legen Sie den Buchrücken aus Pappe mittig darauf. Befestigen Sie die Buchdeckel an dem Streifen. Vergessen Sie nicht, zwischen Buchdeckel und Buchrücken einen Spalt zu lassen.

3. Kleben Sie den Leinenstreifen über den Buchrücken. Verkleiden Sie die Innenseiten der Buchdeckel nach der Anleitung des Hardcover-Buches.

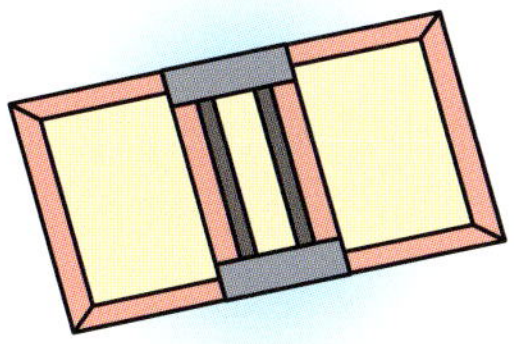

4. Für die Ecken schneiden Sie vier Leinenquadrate zu, mit einer Kantenlänge von jeweils 6 cm. (Für größere Bücher brauchen Sie größere Quadrate.) Zeichnen Sie auf der Rückseite Dreiecke ein und schneiden Sie eines davon aus.

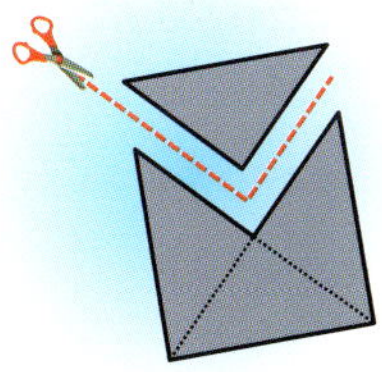

5. Kleben Sie die Quadrate an Innen- und Außenseite auf die Ecken der Buchdeckel wie abgebildet. Sie können diesen Schritt vor oder nach dem Einkleben der Buchseiten ausführen.

Als Alternative zu Steifleinen können Sie auch festen Baumwollstoff verwenden.

22 Geschichten in Schachteln

Wir verbinden Schachteln oder Kästchen mit etwas Besonderem, das sich darin verbirgt. Unsere Schachteln enthalten Bücher. Dadurch werden das Buch und sein Inhalt ebenfalls zu etwas Außergewöhnlichem.

Die Grundform

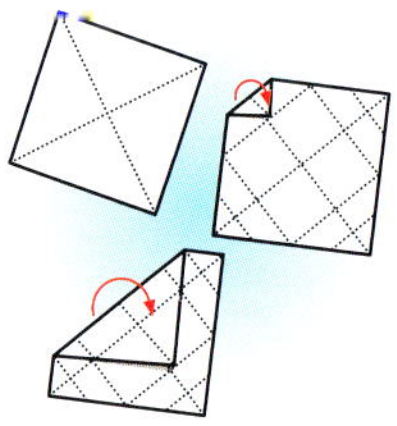

1. Für den Deckel schneiden Sie das größtmögliche Quadrat aus einem DIN-A4-Blatt zu.

2. Falten Sie alle Ecken in die Mitte. Entfalten Sie das Blatt. Dann knicken Sie alle Ecken auf die eben gemachten Falze. Falten Sie das Blatt auf. Nun falten Sie alle Ecken so, wie es in der Abbildung zu sehen ist. Entfalten Sie das Blatt.

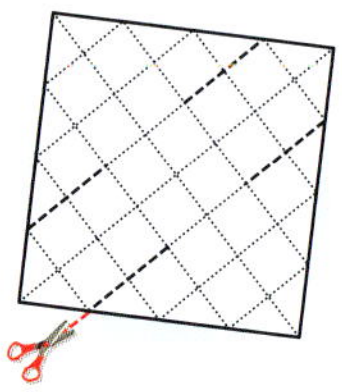

3. Machen Sie vier Einschnitte, wie abgebildet.

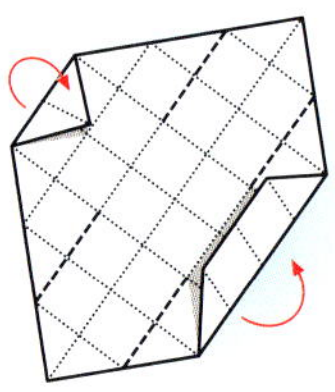

4. Klappen Sie die obere linke und die untere rechte Ecke auf den ersten Falz. Falten Sie sie noch einmal um, auf den nächsten Falz.

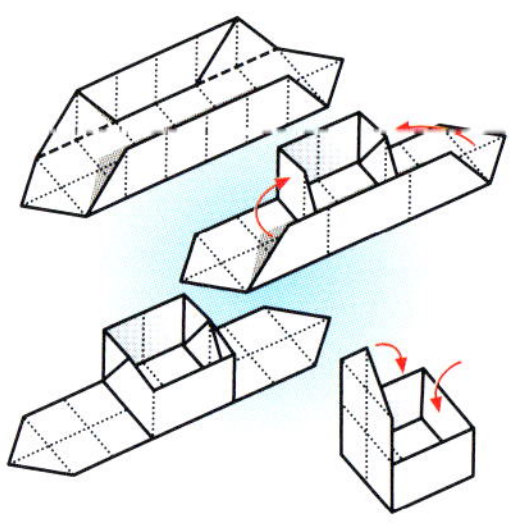

5. Klappen Sie die Seiten hoch und schieben Sie die seitlichen Dreiecke auf beiden Seiten nach innen. Wiederholen Sie dies bei den anderen Seiten. Für die Schachtel selbst schneiden Sie von einem DIN-A4-Blatt von einer langen und einer schmalen Kante jeweils einen 0,5 cm breiten Streifen ab. Falten und schneiden Sie wie beim Deckel.

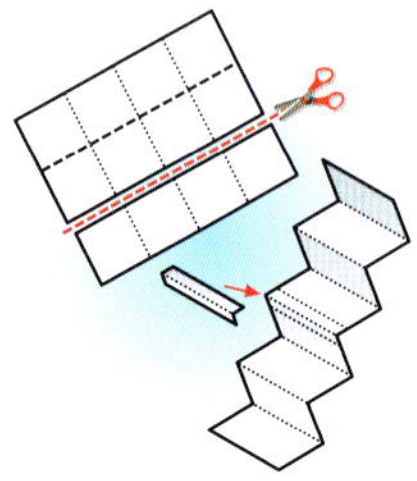

6. Für die Buchseiten schneiden Sie einen 0,5 cm breiten Streifen von der rechten Seite eines querformatigen DIN-A4-Blattes ab. Falten Sie das Blatt erst einmal, dann noch einmal der Breite nach auf die Hälfte. Zerschneiden Sie das Blatt in drei gleich große Längsstreifen und falten Sie sie in Zickzackform zusammen. Sie brauchen einen Streifen für jedes Kind. Verbinden Sie die Streifen mit Klebeband.

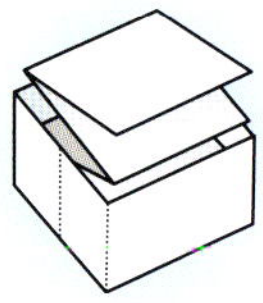

Themenvorschläge

Improvisieren Sie mit der Klasse eine Geschichte über eine Zauberschachtel – was verbirgt sich darin? Hat sie besondere Kräfte? Was kann sie bewirken?

Legen Sie die Seiten vertikal in die Schachtel. (Diese Origami-Schachtel hat einen abnehmbaren Deckel, so dass die Buchseiten vertikal daraus hervorgeholt werden können. Lassen Sie die Kinder im unteren Feld schreiben und darüber ein Bild malen. Auf diese Weise füllen sie auch die anderen Seiten. Kleben Sie alle Zickzackstreifen mit Klebeband aneinander und bewahren Sie die Geschichtensammlung in der Schachtel auf.

Geschichte in einer Streichholzschachtel

Für dieses Projekt fotokopieren Sie am besten die Vorlage auf Seite 63. Beginnen Sie mehrere Monate vorher, leere Streichholzschachteln zu sammeln. Die erste und die letzte Seite des Buches werden in den Einband gesteckt und die erste rechte Seite ist das Titelblatt. Es bleiben also sechs Doppelseiten für die Geschichte.

1. Schneiden Sie die Vorlage aus und falten Sie sie auf die Hälfte. Die gestrichelte Linie ist auf der Außenseite. Entfalten Sie das Blatt.

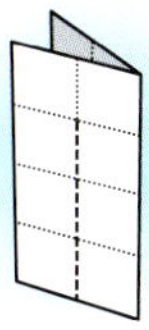

2. Klappen Sie den rechten und den linken Seitenrand in die Mitte. Die gestrichelten Linien befinden sich innen.

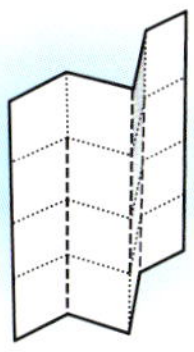

3. Wiederholen Sie diesen Vorgang in umgekehrter Reihenfolge. Schneiden Sie die gestrichelten Linien ein und falten Sie alle Seiten in Zickzackform von links oben nach links unten nach einem „Darüber-darunter-Muster".

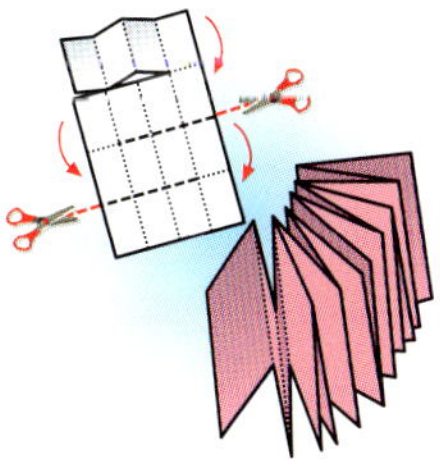

4. Für den Einband schneiden Sie die Vorlage aus und falten sie an den gepunkteten Linien.

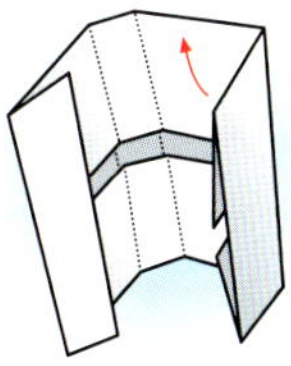

5. Schieben Sie die erste und die letzte Buchseite in die Taschen des Einbandes.

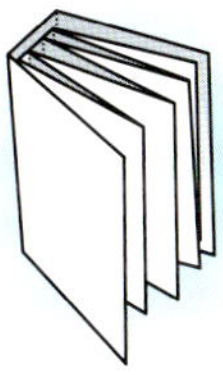

6. Schneiden Sie den Deckel für die Streichholzschachtel zu, schreiben Sie den Titel darauf und bemalen Sie sie. Zum Schluss kleben Sie ihn an die Streichholzschachtel.

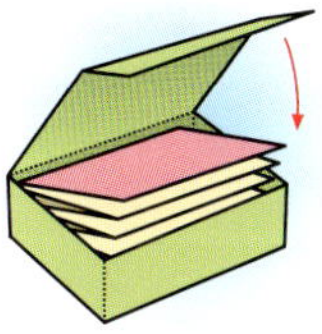

Themenvorschlag

„Die Abenteuer von ..." Die Kinder suchen sich einen Gegenstand aus, z.B. einen Bleistift oder ein Paar Schuhe, die in die Ferien fahren. Auf die linken Buchseiten kommt jeweils ein Satz, auf die rechten Seiten ein passendes Bild.

Eine Schachtel für alle

1. Falten Sie die Längsseiten eines DIN-A2-Blattes in die Mitte. Falten Sie das Papier der Breite nach auf die Hälfte. Die umgefalteten Kanten befinden sich außen.

2. Knicken Sie an der Faltkante zwei Dreiecke in die Mitte. Klappen Sie sie wieder zurück.

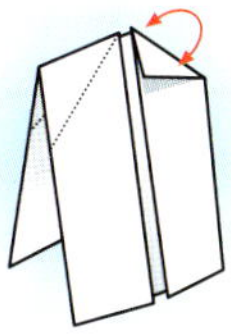

3. Falten Sie Vor- und Rückseite wie abgebildet nach oben.

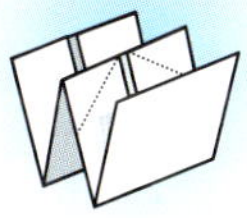

4. Entfalten Sie die Kanten auf der Vorderseite. Entfalten Sie dann die Kanten auf der Rückseite.

5. Klappen Sie die linke und die rechte Kante der Vorderseite zur vorderen Mitte. Wiederholen Sie es an der Rückseite.

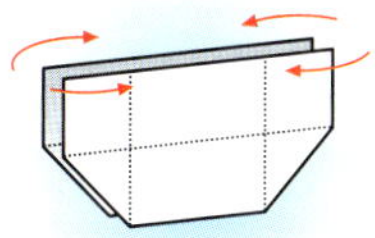

6. Knicken Sie die Oberkante der Vorderseite nach vorn, die Oberkante der Rückseite nach hinten.

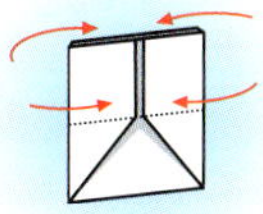

7. Ziehen Sie die beiden Oberkanten vorsichtig auseinander. Drücken Sie die Innenseite nach unten, um so den Boden der Schachtel zu erhalten.

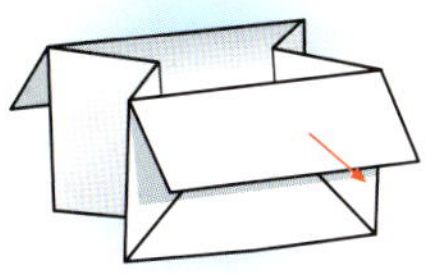

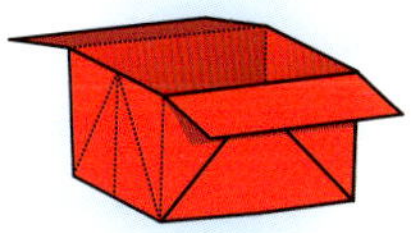

23 Lotus-Bücher

Diese Origami-Grundform lässt sich auf vielfältige Weise zu Ausstellungszwecken einsetzen; vom hängenden Buch bis zum dreidimensionalen Stern. Verwenden Sie es für ein Klassenprojekt und weisen Sie jedem Kind ein rautenförmiges Feld zu.

Die Grundform

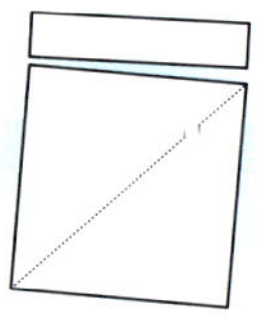

1. Falten Sie die rechte obere Ecke eines hochformatigen DIN-A3-Blattes diagonal nach unten auf den linken Seitenrand. Schneiden Sie das unten überstehende Rechteck ab.

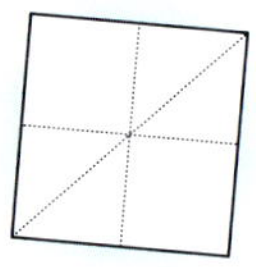

2. Drehen Sie das Quadrat um. Klappen Sie den linken Seitenrand auf den rechten Seitenrand. Falten Sie das Blatt auseinander. Falten Sie die Oberkante auf die Unterkante. Entfalten Sie das Blatt.

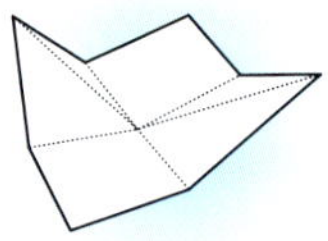

3. Knicken Sie die rechte obere Ecke auf die Ecke links unten.

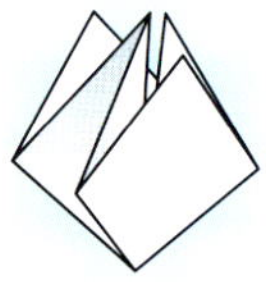

4. Drücken Sie die anderen beiden Ecke nach innen, sodass Sie ein kleines Quadrat erhalten.

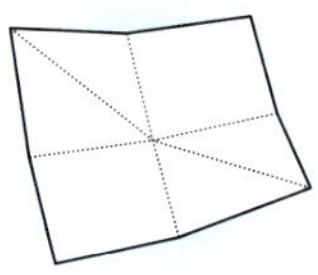

5. Wiederholen Sie die Schritte 1–4, um so viele „Blüten“ wie nötig zu erhalten. Verbinden Sie die die einzelnen Blüten, indem Sie Außenquadrate der Blüten in entgegengesetzter Richtung aneinander kleben.

6. Zwei aneinander geklebte Blüten sollten aussehen wie in der Abbildung. Beim Verbinden der Blüten büßen Sie bei jeder Blüte ein Blatt ein.

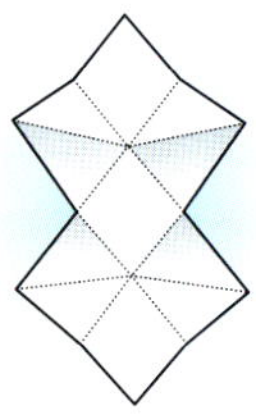

Themenvorschläge

Für eine Klasse mit 30 Kindern brauchen Sie etwa 10 Grundformen des Lotus-Buches. Die Kinder bereiten ihre Bilder und Texte auf rautenförmigen Papierstücken zu, die etwas kleiner sind als die Blütenblätter. Sie werden dann auf die fertige Lotusblüte geklebt. Hier sind einige Ideen für Klassenthemen: signierte Selbstportraits, Handabdrücke mit Namen, verschiedene Fahrzeuge, …

Dekoratives Lotus-Buch

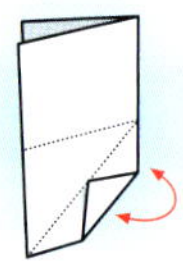

1. Falten Sie die Grundform des Lotus-Buches auf und falten Sie es an der vertikalen Mittellinie. Falten Sie die untere Ecke diagonal nach vorne. Falten Sie das Blatt auf.

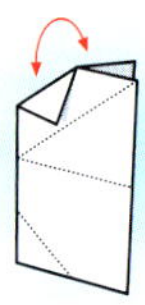

2. Drehen Sie das Blatt um und falten Sie wie oben beschrieben die obere Ecke diagonal um. Wiederholen Sie die Schritte 1 und 2 an der horizontalen Mittellinie. Falten Sie das Blatt auf.

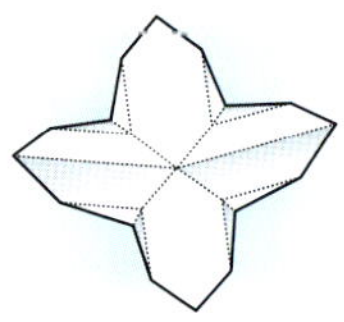

3. Falten Sie die „Falt-Dreiecke“ nach innen.

4. Verbinden Sie die Blüten wie in der Abbildung miteinander.

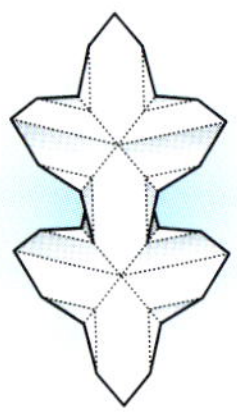

Stern aus Lotusblüten

1. Fertigen Sie vier Grundformen des Lotus-Buches aus DIN-A3-Papier an.

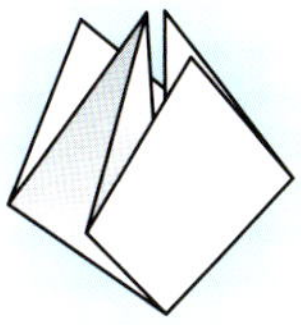

2. Verbinden Sie die einzelnen Blüten miteinander. Dabei zeigen alle Blüten in dieselbe Richtung.

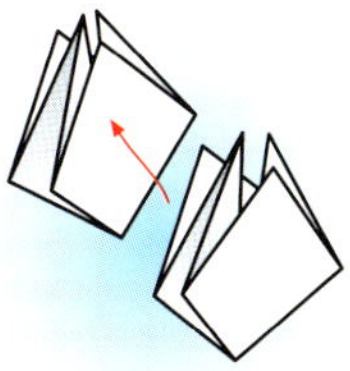

3. Verbinden Sie das erste und das letzte rautenförmige Blütenblatt miteinander. Halten Sie die Kanten mit einer Büroklammer zusammen.

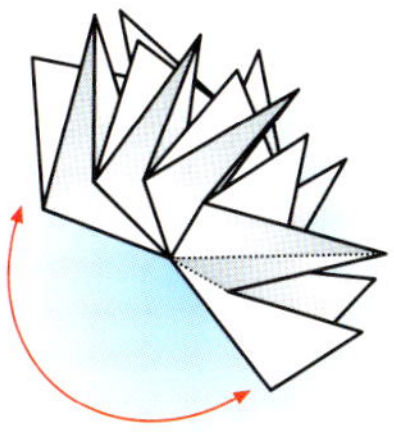

4. Machen Sie jeweils ein Loch in die obere Ecke der beiden Pappverstärkungen und hängen Sie den Stern an einer Kordel auf.

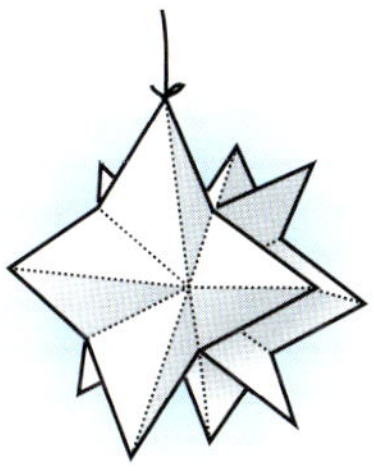

Zur Verstärkung des Sterns können Sie die erste und die letzte Raute mit Pappe bekleben.

Chinesischer Briefumschlag

1. Falten Sie die rechte obere Ecke eines hochformatigen DIN-A4-Blatt diagonal auf den linken Seitenrand und schneiden Sie das überstehende Rechteck ab.

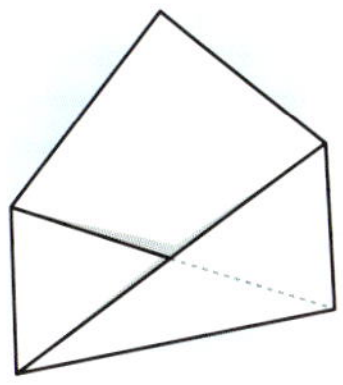

2. Falten Sie die linke Ecke nach vorn. Dann falten Sie die rechte Ecke ebenso weit nach vorn.

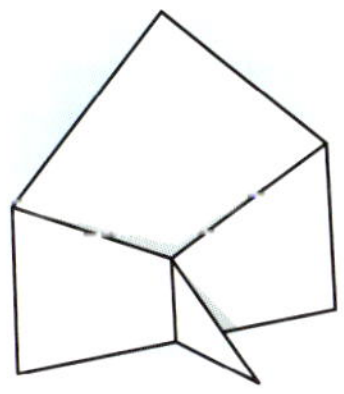

3. Falten Sie die Spitze der rechten Klappe nach vorn.

4. Öffnen Sie die Spitze und falten Sie sie flach, so dass sie eine Raute bildet.

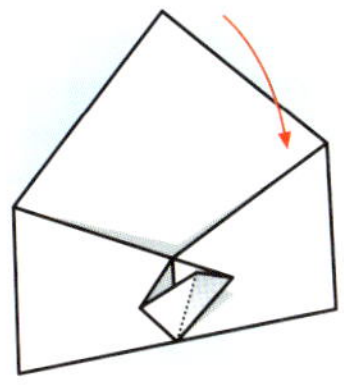

5. Falten Sie die obere Spitze nach unten und schieben Sie sie in die Raute.

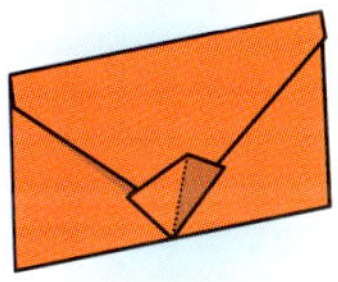

Themenvorschläge

„Dies ist mein Stern". Jedes Kind bemalt und beschriftet ein quadratisches Stück Papier, das dann auf die Grundform des Lotus-Buches geklebt wird.

Zeichnen Sie einen großen 6-zackigen Stern auf. Darin zeichnen Sie einen 5-zackigen Stern und darin wiederum einen 4-zackigen Stern. Beschriften Sie jeden Stern.

Themenvorschläge

Stellen Sie in der Klasse einen Briefkasten auf. Die Kinder schreiben auf kleine Zettel Nachrichten für ihre Mitschüler. Die Nachrichten stecken sie in die Briefumschläge, die sie vorher adressieren. Auf diese Weise kann ein reger Briefwechsel entstehen.

Lassen Sie die Kinder Grußkarten zu den Feiertagen gestalten und nutzen Sie dazu die Briefumschläge.

24 Feuerwerk-Bücher

Die Bücher heißen Feuerwerk-Bücher, weil Pop-up-Elemente wie Feuerwerkskörper explodieren, wenn man das Buch aus der Schachtel holt, und sich wieder zusammenfalten, wenn man es zurücklegt. Da sich die Felder zu kompakten Formen zusammenfalten lassen, ist die Aufbewahrung kein Problem.

Themenvorschläge

Die Kinder schreiben in Zierschrift Wörter, die sie mit Feuerwerk in Verbindung bringen, z.B. zisch, hell, peng, Funkenregen, Sternenschauer. Mit Farben und Glitter lassen sie die Wörter lebendig werden. Um die Wörter und die angeklebten Pop-up-Elemente malen die Kinder Feuerwerksmuster.

Die Grundform

1. Für die Buchseiten falten Sie am unteren Ende eines DIN-A4-Blattes einen Rand um. Klappen Sie die Oberkante auf die neu entstandene Faltkante.

2. Falten Sie die obere linke Ecke diagonal nach vorn. Falten Sie sie nach hinten und falten Sie sie auf. Wiederholen Sie dies mit der rechten Ecke.

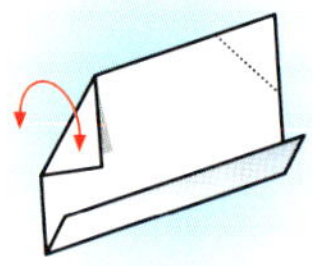

3. Falten Sie das Blatt auf. Knicken Sie die Ecken diagonal nach innen.

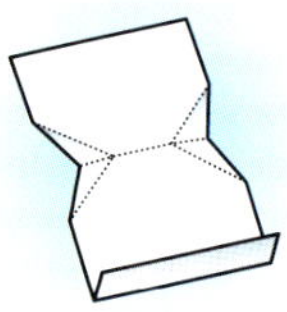

4. Für die seitlichen Pop-up-Klappen fertigen Sie eine weitere Buchseite bis Schritt 2 an. Schneiden Sie den unteren Rand ab.

5. Falten Sie den linken Seitenrand am ersten Falz vertikal nach innen. Schneiden Sie zwei Flächen aus wie in der Abbildung gezeigt.

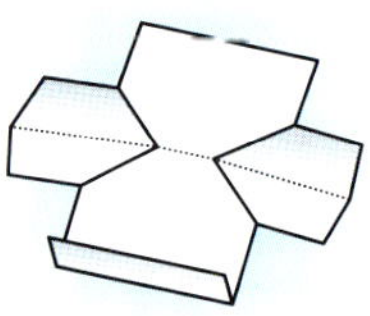

6. Kleben Sie die Flächen rechts und links an der Grundseite fest.

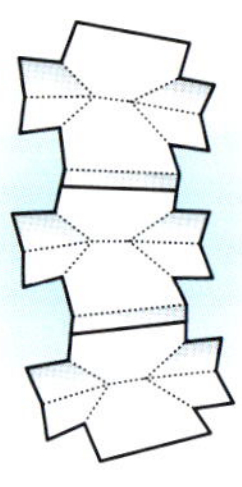

7. Verbinden Sie die Segmente am Rand miteinander.

Das hängende Projektbuch

1. Für die Pop-up-Elemente: Basteln Sie nach der obigen Anleitung die Grundform des Feuerwerk-Buches. Dann fertigen Sie ein weiteres Exemplar der Buchseiten an, schneiden den Rand ab und machen die Vorlage für die Pop-ups.

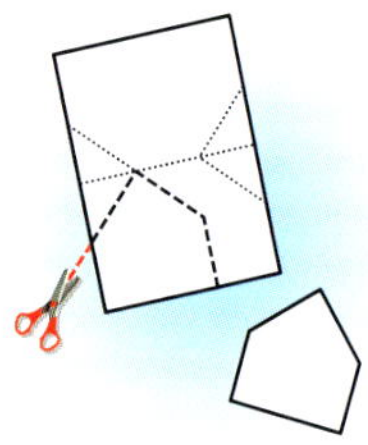

2. Kleben Sie diese an die untere Hälfte der seitlichen Dreiecke und verbinden die einzelnen Glieder dann wie bereits beschrieben.

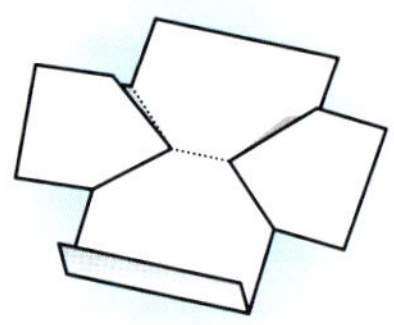

Themenvorschläge

Geben Sie den Kindern die Buchseiten mit den angeklebten Pop-ups. Auf die seitlichen Pop-up-Flächen können sie ein Quadrat, ein Dreieck, ein Sechseck usw. malen und beschriften. In der Mitte können sie alle Formen zu einem Muster anordnen.

Naturwissenschaftliches Experiment: Die Kinder sprechen über Dinge, die schwimmen. Sie malen und beschriften sie auf der linken Pop-up-Fläche. Dann überlegen sie sich, welche Sachen untergehen, und malen und beschriften diese auf der rechten Fläche. In die mittlere kommt der Titel des Experiments.

Meine gute Fee

1. Schneiden Sie vom linken Seitenrand eines hochformatigen DIN-A4-Blattes einen 6 cm breiten Streifen ab. Falten Sie an der unteren Schmalseite einen Rand um.

2. Falten Sie die Hauptfläche so auf die Hälfte, dass der obere Rand auf den neu entstandenen Falz trifft.

3. Knicken Sie die linke obere Ecke in die vertikale Mitte. Falten Sie sie nach hinten und machen Sie sie gerade. Wiederholen Sie diesen Schritt mit der rechten Ecke.

4. Falten Sie die Ecken schräg nach innen.

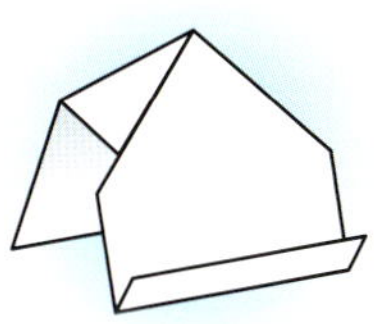

5. Für die seitlichen Pop-up-Klappen fertigen Sie ein weiteres Exemplar der Buchseiten an, schneiden den Rand ab und schneiden die Pop-up-Flügel zu.

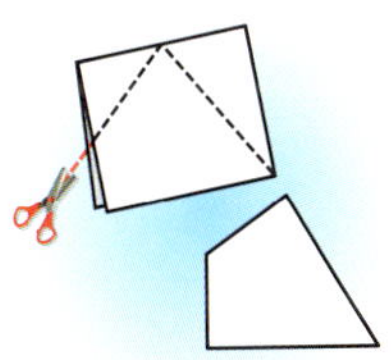

6. Kleben Sie die Flügel auf die obere Hälfte der seitlichen Dreiecke der Buchseite. Verbinden Sie die einzelnen Glieder dann wie bei der Grundform in Schritt 7 gezeigt.

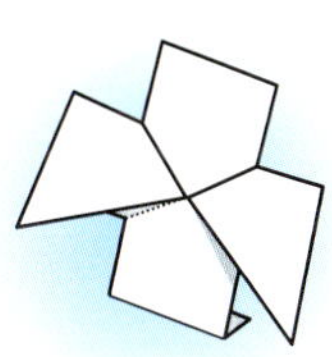

Themenvorschlag

Die Klasse malt eine Fee und schreibt dazu: „Meine gute Fee ...“ Dann schreiben sie auf, welche guten Dinge die Fee macht.

Chinesisches Fächer-Buch

1. Halbieren Sie für die Buchseiten ein DIN-A3-Blatt der Länge nach. Falten Sie beide Streifen in Zickzackform in jeweils vier Flächen. Kleben Sie sie auf der Rückseite mit Klebeband zu einem langen Streifen zusammen. Verwenden Sie für jedes Kind ein A3-Blatt.

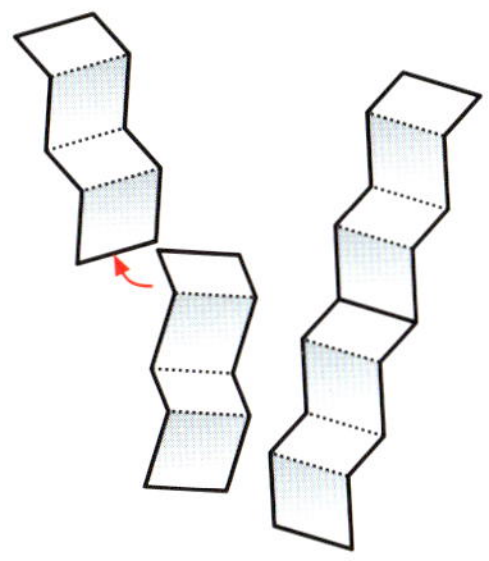

2. Für die Fächer schneiden Sie farbiges DIN-A4-Papier der Breite nach in vier gleich große Streifen. Nehmen Sie einen dieser Streifen und knicken Sie ihn auf die Hälfte. Entfalten Sie ihn wieder.

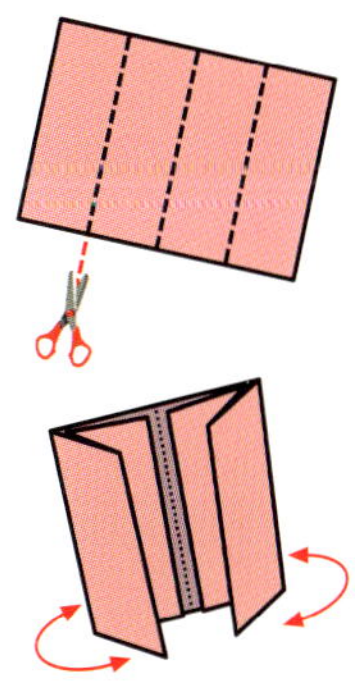

3. Klappen Sie den linken und den rechten Seitenrand in die Mitte. Falten Sie den linken und den rechten Seitenrand erneut in die Mitte.

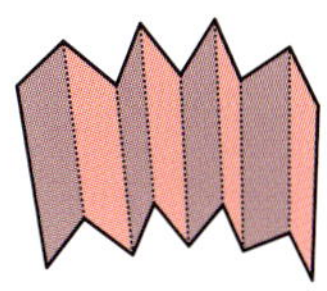

4. Entfalten Sie den Streifen und falten Sie eine Zickzacklinie daraus.

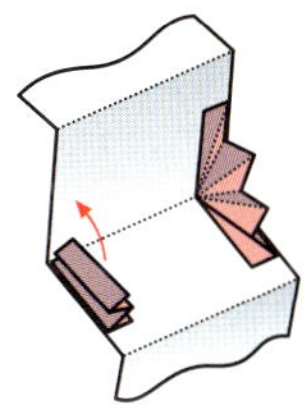

5. Streichen Sie die Rückseite der ersten und der letzten Seiten mit Kleber ein und kleben Sie den Fächer an die Seiten der Buchseiten.

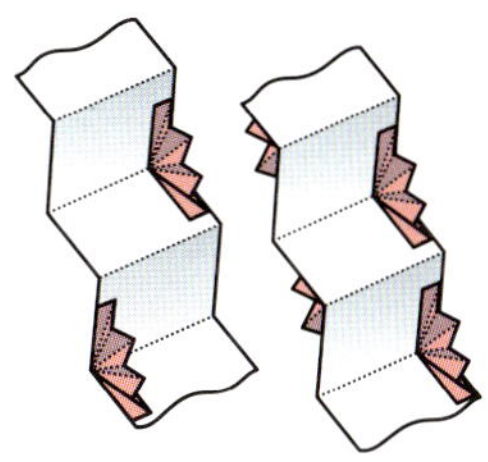

Themenvorschlag

Lassen Sie die Kinder Dinge aus der Natur malen – Pflanzen, Baumrinde, Zweige, Steine – und zwar auf ein Blatt Papier, das auf die Buchseiten der Zickzackstreifen passt. Sie könnten einen Vergleich darunterschreiben, z.B.: „Mein Zweig ist wie ...“

8-seitiges Leporello

5
4
6
3
2
1

4-seitiges Leporello

4

3

1

2

16-seitiges Buch in der Streichholzschachtel

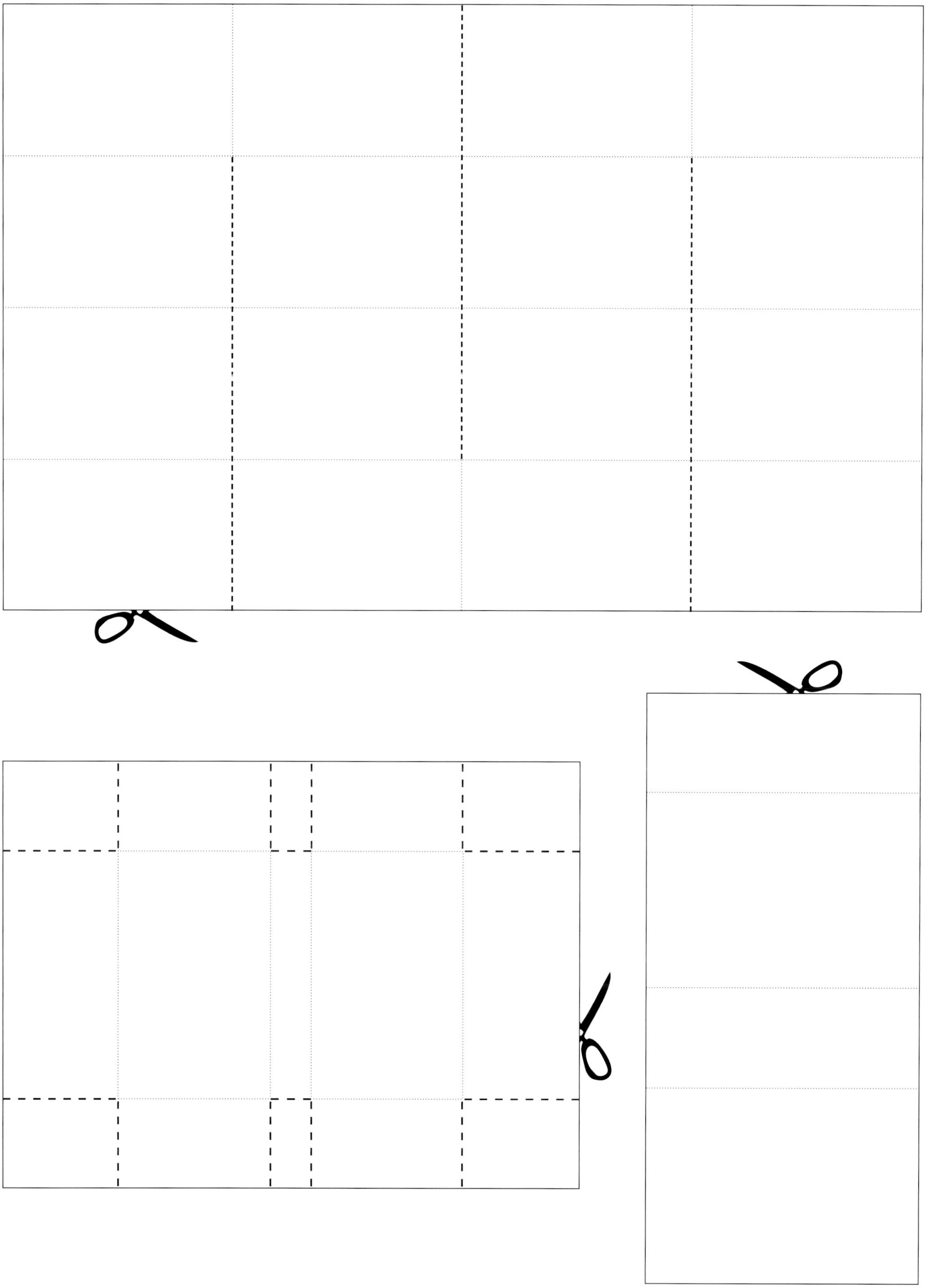

Literatur- und Internettipps

Literatur

Texte schreiben

Barker, Ray/Moorcroft, Christine:
Schritt für Schritt sprachlich fit. **Fremde Texte verstehen und gute eigene Texte schreiben. Schuljahr 1.** Verlag an der Ruhr, 2003.
ISBN 3-86072-804-0

Barker, Ray/Moorcroft, Christine:
Schritt für Schritt sprachlich fit. **Fremde Texte verstehen und gute eigene Texte schreiben. Schuljahr 2.** Verlag an der Ruhr, 2003.
ISBN 3-86072-805-9

Grabe, Astrid/Schmidt, Tanja (Illustr.):
ABC lernen mit Gedichten, Bildern und Arbeitsblättern. Kl. 1. Verlag an der Ruhr, 2001.
ISBN 3-86072-648-X

Schön präsentieren

Cech-Wenning, Stephanie:
Methoden-Schule. **So präsentiere ich meine Arbeitsergebnisse.** 8–11 J., Verlag an der Ruhr, 2005.
ISBN 3-8346-0013-X

Johnson, Paul:
Schön präsentieren mit Mini-Büchern.
30 Gestaltungsideen für Arbeitsergebnisse. Kl. 1–4., Verlag an der Ruhr, 2004.
ISBN 3-86072-887-3

Seefelt, Carol:
Das habe ich gemacht und ich kann noch mehr! Ausstellungen und Präsentationen motivieren zum weiterlernen. 3–8 J., Verlag an der Ruhr, 2005.
ISBN 3-8346-0050-4

Merks, Romana/Puy-Merks, Alexander:
Computerkurs Grundschule. **Erste Bilder und Illustrationen mit Paint.** Kl. 3–6., Verlag an der Ruhr, 2002.
ISBN 3-86072-645-5

Falten und gestalten

Johnson, Paul:
Schneiden, Falten, Gestalten.
Vorlagen für Lernmodelle: Tiere.
Kl. 2–4., Verlag an der Ruhr, 2004.
ISBN 3-86072-331-6

Kohl, MaryAnn F.:
Das Kunst-Ideenbuch. Künstlerische Techniken für Kinder. 6–12 J., Verlag an der Ruhr, 1996.
ISBN 3-86072-264-6

Kohl, MaryAnn F.:
Die Kunst-Ideen-Kiste für Kinder.
Kreativ experimentieren mit neuen Techniken. Kl. 1–4., Verlag an der Ruhr, 2005.
ISBN 3-8346-0010-5

Kohl, MaryAnn F.:
Mit Kindern kreativ durchs Jahr. Ein Kunst-Ideenbuch. 5–10 J., Verlag an der Ruhr, 1998.
ISBN 3-86072-331-6

Schmelzer, Susanne:
Mal dir etwas aus! Wie siehst du deine Welt?
5–10 J., Verlag an der Ruhr, 2005.
ISBN 3-8346-0006-7

Internet

www.nebel.co.at/werkzeuge/ahle
Eine Seite eines Großhandels, bei dem Sie u.a. Buchbinderahlen und Buckram bekommen.

www.verlagruhr.de
Da sich Internetadressen schnell verändern können, finden Sie auf unserer Homepage unter dem Titel „Erste Texte mit Mini-Büchern" eine stets aktualisierte Linkliste aller Internetadressen aus dieser Mappe.

Vorlagen für kleine Lern- und Merkbücher – Zahlen

Malen, schreiben, rechnen, falten

Lena Morgenthau

4 – 7 J., 46 S., A4, Paperback

ISBN 978-3-460-262-6

Best.-Nr. 60262

13,– € (D)/13,40 € (A)/23,30 CHF

Vorlagen für kleine Lern- und Merkbücher – ABC

Malen, schreiben, lesen, falten

Lena Morgenthau

4 – 7 J., 46 S., A4, Paperback

ISBN 978-3-8346-0263-3

Best.-Nr. 60263

13,– € (D)/13,40 € (A)/23,30 CHF

Verlag an der Ruhr

Postfach 10 22 51
45422 Mülheim an der Ruhr

Alexanderstraße 54
45472 Mülheim an der Ruhr

Telefon 02 08/495 04 900
Fax 02 08/495 04 295

bestellung@verlagruhr.de
www.verlagruhr.de

Es gelten die Preise auf unserer Internetseite.

Sprachförderung für 3- bis 7-Jährige

Ausgearbeitete Stunden und Materialien für ein ganzes Jahr

Uta Oezogul

3 – 7 J., 260 S., A4, Spiralbindung

ISBN 978-3-8346-0240-4

Best.-Nr. 60240

29,80 € (D)/30,65 € (A)/52,20 CHF

ABC lernen mit Gedichten, Bildern und Arbeitsblättern

Astrid Grabe, Tanja Schmidt

6 – 8 J., 170 S., A4, Paperback

ISBN 978-3-86072-648-8

Best.-Nr. 2648

20,– € (D)/20,50 € (A)/35,– CHF

Das habe ich gemacht und ich kann noch mehr!

Ausstellungen und Präsentationen motivieren zum Weiterlernen

Carol Seefeldt

4 – 7 J., 131 S., A4, Paperback

ISBN 978-3-8346-0050-9

Best.-Nr. 60050

19,50 € (D)/20,– € (A)/34,20 CHF

Sudokus mit Alltagsmaterialien

Logikrätsel für kleine Knobler

Lena Morgenthau

4 – 7 J., A5 quer, 80 Karten, vierfarbig, banderoliert

ISBN 978-3-8346-0239-8

Best.-Nr. 60239

19,80 € (D)/20,35 € (A)/34,70 CHF

Punkt für Punkt zum ABC

Das Buchstaben-Nachmalheft

Susanne Schaadt

5 – 7 J., 42 S., A4, Heft

ISBN 978-3-8346-0104-9

Best.-Nr. 60104

13,– € (D)/13,40 € (A)/23,30 CHF

Punkt für Punkt zur Zahl

Das Zahlen-Nachmalheft

Susanne Schaadt

5 – 7 J., 42 S., A4, Heft

ISBN 978-3-8346-0105-6

Best.-Nr. 60105

13,– € (D)/13,40 € (A)/23,30 CHF

Anfangsunterricht • spielerisch • gestalten

Verlag an der Ruhr

Postfach 10 22 51
45422 Mülheim an der Ruhr

Alexanderstraße 54
45472 Mülheim an der Ruhr

Telefon 0208/495 04 900
Fax 0208/495 04 295

bestellung@verlagruhr.de
www.verlagruhr.de

Es gelten die Preise auf unserer Internetseite.

Fit für Vergleichsarbeiten

■ Trainingsaufgaben Deutsch Leseverständnis Klasse 3

Dorothea Karpinski
Kl. 3, 76 S., A4, Papphefter
ISBN 978-3-8346-0252-7
Best.-Nr. 60252
19,50 € (D)/20,– € (A)/34,20 CHF

■ Spannende Texte – Klasse 3/4

Lesetexte in drei Schwierigkeitsstufen
Annette Hautzel, Annette Raether
Kl. 3 – 4, 71 S., A4, Papphefter
ISBN 978-3-8346-0008-0
Best.-Nr. 60008
19,50 € (D)/20,– € (A)/34,20 CHF

Handwerkszeug Grammatik

■ Satzglieder

Astrid Grabe, Andrea Mucha
Kl. 3 – 4, 68 S., A4, Papphefter
ISBN 978-3-86072-959-5
Best.-Nr. 2959
18,50 € (D)/19,– € (A)/32,40 CHF

Handwerkszeug Grammatik

■ Zeitformen: Vergangenheit, Gegenwart, Zukunft

Astrid Grabe, Andrea Mucha
Kl. 3 – 4, 71 S., A4, Papphefter
ISBN 978-3-8346-0180-3
Best.-Nr. 60180
18,50 € (D)/19,– € (A)/32,40 CHF

Methoden-Schule Deutsch

■ Rechtschreibstrategien

Anja Engelhardt
Kl. 3 – 4, 67 S., A4, Papphefter
ISBN 978-3-86072-899-4
Best.-Nr. 2899
18,50 € (D)/19,– € (A)/32,40 CHF

Kinder verstehen Gedichte

■ Frühlings- und Sommergedichte

Birgit Brandenburg
Kl. 2 – 4, 79 S., A4, Papphefter
ISBN 978-3-8346-0265-7
Best.-Nr. 60265
19,50 € (D)/20,– € (A)/34,20 CHF

Kinder verstehen Gedichte

■ Herbst- und Wintergedichte

Birgit Brandenburg
Kl. 2 – 4, 78 S., A4, Papphefter
ISBN 978-3-8346-0264-0
Best.-Nr. 60264
19,50 € (D)/20,– € (A)/34,20 CHF

■ Die Comic-Werkstatt

Ein Besuch bei Micky Maus
Birgit Brandenburg
Kl. 3 – 4, 58 S., A4, Papphefter,
inkl. 1 Micky Maus Magazin
ISBN 978-3-8346-0187-2
Best.-Nr. 60187
17,50 € (D)/18,– € (A)/30,70 CHF

Schreiben • Lesen • Textverständnis